おいしく続ける玄米食養クッキング

ごはん＋常備菜＋旬のおかずで食卓づくり

藤城　寿美子 著

農文協

目次

玄米植物食のすすめ
——簡単、おいしい、健康食卓づくり

●この本で使っているカップ1杯は200cc、大さじは15cc、小さじは5ccです。

◆写　真／小倉　隆人
◆イラスト／江島　恵子
◆デザイン／井上　巴

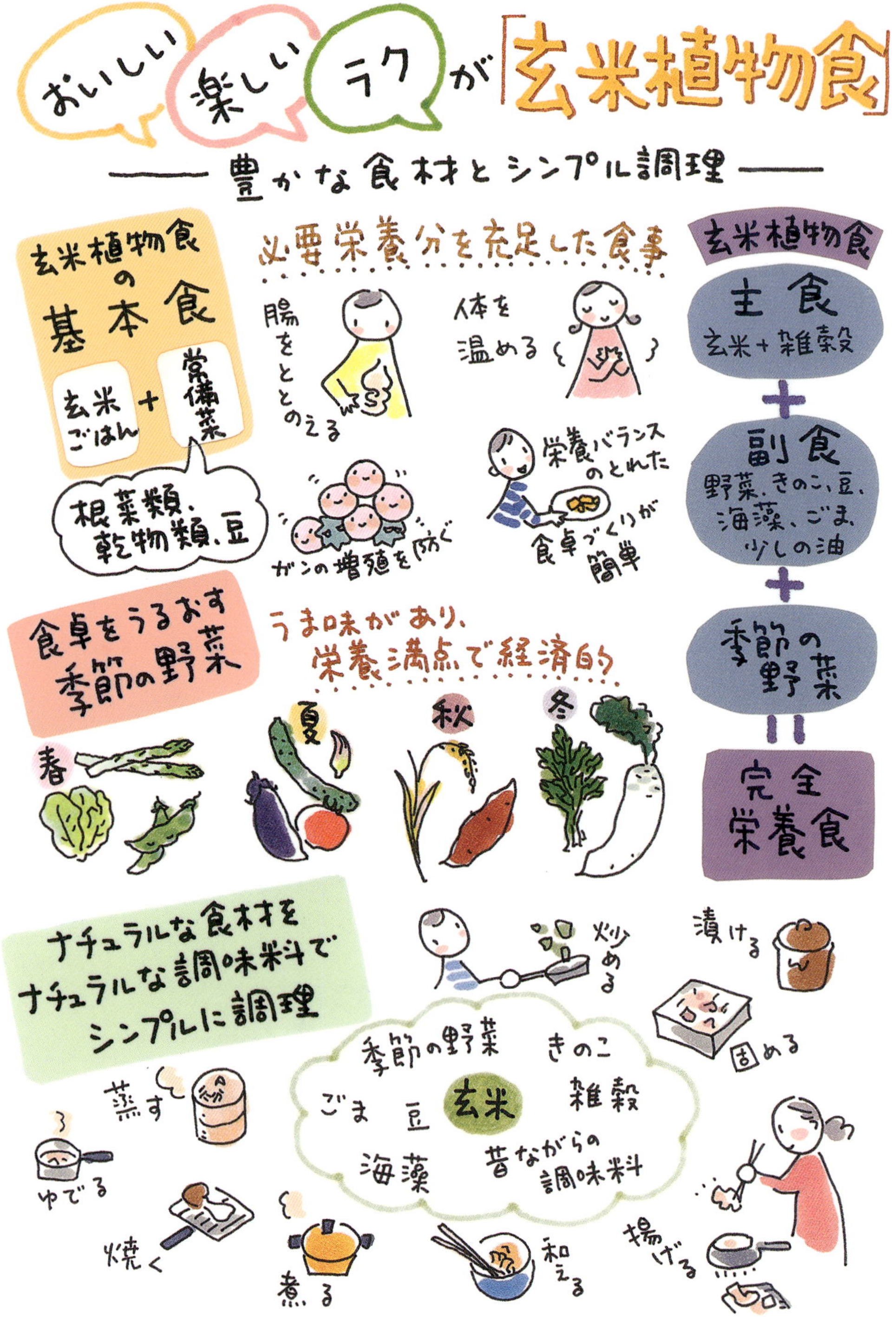

おいしい 楽しい ラク が「玄米植物食」
豊かな食材とシンプル調理
玄米植物食の基本食
玄米ごはん ＋ 常備菜
根菜類、乾物類、豆
必要栄養分を充足した食事
腸をととのえる
体を温める
ガンの増殖を防ぐ
栄養バランスのとれた食卓づくりが簡単
食卓をうるおす季節の野菜
うま味があり、栄養満点で経済的
春
夏
秋
冬
玄米植物食
主食
玄米＋雑穀
＋
副食
野菜、きのこ、豆、海藻、ごま、少しの油
＋
季節の野菜
＝
完全栄養食
ナチュラルな食材をナチュラルな調味料でシンプルに調理
炒める
漬ける
固める
季節の野菜
きのこ
ごま
豆
玄米
雑穀
海藻
昔ながらの調味料
蒸す
ゆでる
焼く
煮る
和える
揚げる

生命を輝かせてくれる
玄米植物食の食材たち

――命とパワーを感謝していただく――

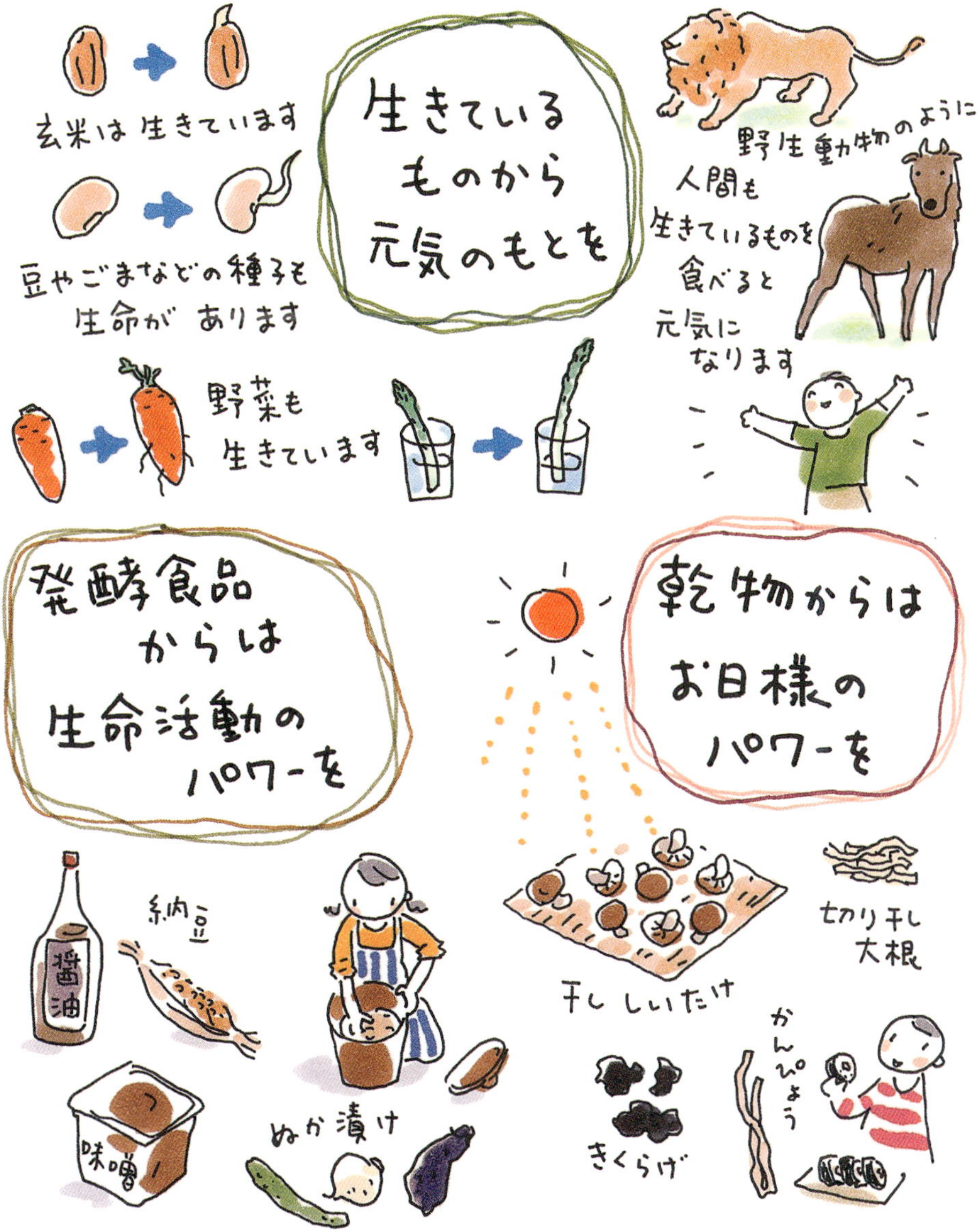
生きているものから元気のもとを
玄米は生きています
豆やごまなどの種子も生命があります
野菜も生きています
野生動物のように
人間も生きているものを食べると元気になります
発酵食品からは生命活動のパワーを
醤油
納豆
味噌
ぬか漬け
乾物からはお日様のパワーを
干ししいたけ
切り干し大根
きくらげ
かんぴょう

玄米植物食は
こんな体調の人にぴったり

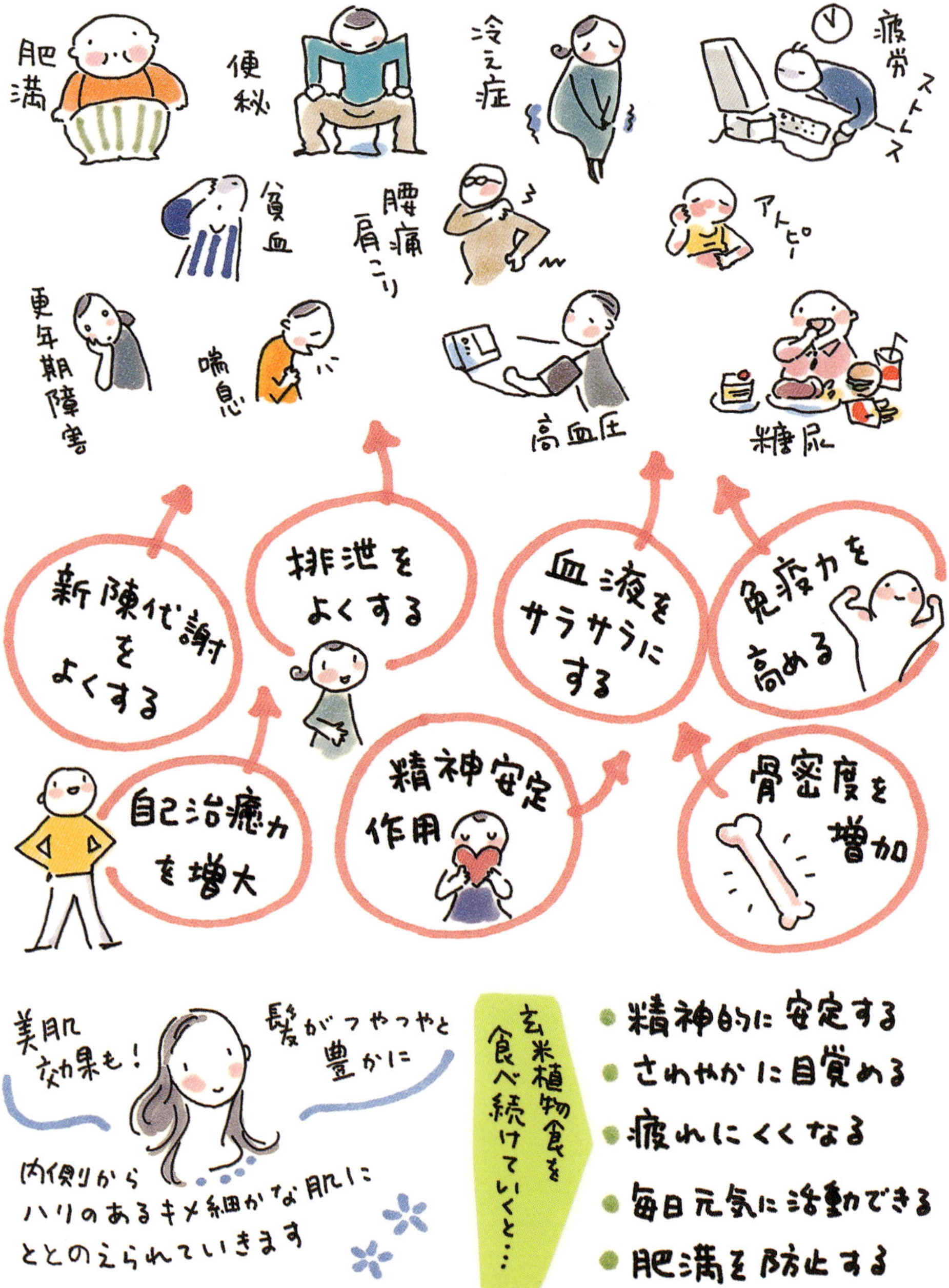

- 精神的に安定する
- さわやかに目覚める
- 疲れにくくなる
- 毎日元気に活動できる
- 肥満を防止する

玄米植物食は

できるところから始めよう

2日に1食、1日1食でも

まずは玄米を舌と体で味わい、少しずつなれ親しんでいきましょう。玄米植物食を食べたあと、何かいつもとちがいませんか。

週末にじっくり挑戦

週末は、ゆったりとした気分で玄米のもつ深い味わいをかみしめましょう。

分づき米でよくかむ習慣を

玄米が苦手な人は、まず分づき米で体をならすことから始めよう。ひと口30回以上かむ。玄米はかめばかむほど甘味が増して、おいしくなるのに気がつくでしょう。

1週間だけつきあってみよう

1週間、パワーのある玄米を食べ続けていると、体が変化していくのを感じます。

●調味料について●

私の料理教室のレシピではほとんどの調味料の量は書きません。自分の感性を磨き、自分の味覚を確かなものにするためです。季節や体調に応じて自分で調整していきましょう。本書では載せましたが、あくまで参考です。

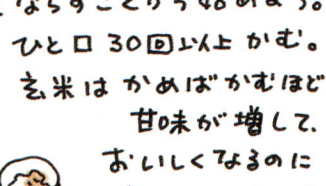

玄米をふっくら おいしく炊こう

玄米を炊く基本

玄米はかたくてまずいと思い込みがちですが、炊き方ひとつで大変身するのです。コツさえのみ込めば、おいしく炊くことができます（詳細は73ページ）。

鍋のいろいろ

ステンレスや鉄製品の鍋、土鍋がおすすめです。

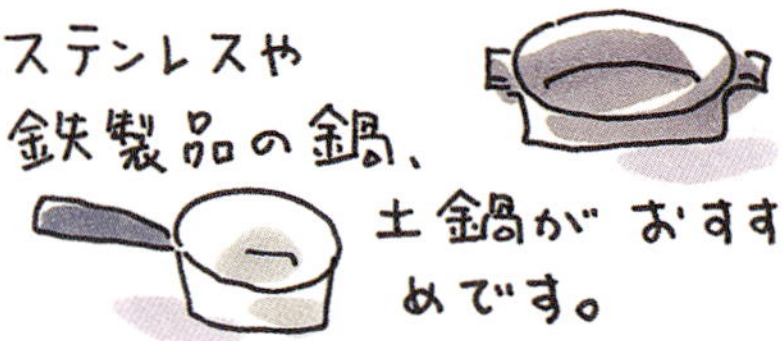

冷凍か冷蔵保存

炊きあがった玄米は、保温しておくと栄養素がどんどん変質するので、保存容器に入れるかラップに包んで冷凍か冷蔵して、食べるときに再加熱しましょう。2〜3日で食べ終わるなら冷蔵で十分です。玄米ごはんのたくわえがあれば忙しいときも安心。

保存してある玄米ごはんを使って…

多ければおいしい

玄米は3合以上まとめて炊くとおいしく炊けます。何日分かを一度に炊いてしまうのも、ひとつの方法です。わが家では7合を2〜3日で食べるようにしています。この本でも、その理由で3合の玄米の炊き方を基準にしています。

蒸せば炊きたての味

保存した玄米の再加熱は、鍋に入れて蒸すのがいちばん簡単で、炊きたての味に近づきます。電磁波の問題もある電子レンジはできれば避けたいですね。

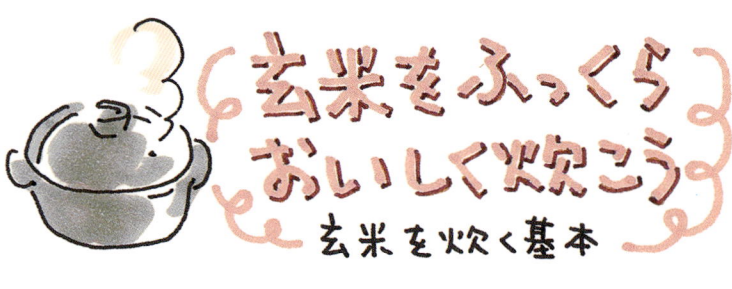

電気炊飯器で炊く

仕事をもったり、外出したりすることが増えた現代には、スイッチひとつで炊ける電気炊飯器はとても便利です。食感はさらっとしています。

いっしょに炊く塩と炭

炊きあがったら炭を取り出す

炊き方

★玄米は、さっと洗えば十分です。
★水の量　米の1・5倍。
★約12時間（朝から夜あるいは夜から朝）水に浸しておきます。夏は水温が高いので、10〜8時間と短めにします。また、気温が高い時期に泡が出ているときは、炊く前に水をとりかえて炊きます。
★玄米モードがあるものは、その基準で炊きます。
★炊きあがると、短い蒸らしのあとスイッチが切れますが、さらに30分くらい蒸らし続けてから天地返しをします。余分な水分をしっかり吸収して、ピカピカに光っておいしくなります。
★かたかったり、しんが残っていたりするときは、温度が少し下がってから少量の水をふりかけ、もう一度スイッチを入れるとやわらかく炊きあがります。

ひと口メモ

いっしょに炊こう①

豆や黒米や雑穀などをいっしょに炊きたいときは、水に浸すときから加えておきます。加えた分だけ水の量も増やします。玄米をよりおいしく炊くために入れる塩と炭も、このときから入れておきます。他の鍋で炊くときも同じです。塩と炭については77ページを参照してください。

《豆類》

黒豆

小豆

青豆

大豆

（雑穀は次ページを参照してください）

圧力鍋で炊く

圧力鍋で炊いた玄米ごはんは、ねばりが出て食べやすく、玄米のイメージがすっかり変わるくらい、おいしくできあがります。

炊き方

★水の量　電気炊飯器よりも少なめで、米の1・2倍くらい。

★水に浸してから炊くほうが栄養面ではすぐれていますが、圧力鍋で炊くと洗ってすぐに炊いてもおいしくできあがります。

★最初はやや強火で炊き、しっかり圧力がかかって重りが動きだしたのを確認してから、弱火に調整して20〜25分（水に浸す時間と量で変化します）で炊きあげます。火を止める決め手となるのは、おいしそうな香ばしいにおいです。水分がすっかり吸収され、底におこげが少しできかけのころに、この香りがただよってきます。

★圧力がすっかり抜けるまで蒸らしてから、天地返しをします。

おいしく炊けたときのおこげ

《雑穀》

土鍋で炊く

お米が一粒一粒立ちながら中までふくらみ切って、土のもつ温かみが玄米の中にはいり込んだような味わいです。

炊き方

★水の量　米の1・6〜1・8倍くらい。

★約12時間水に浸します。

★最初はやや強火にし、沸騰して鍋の中にしっかり対流ができたら火をごく弱火にし、ふたの穴に栓をし、40〜50分炊きます。

★香ばしいにおいがしてきたら、最後に30秒ほど火を少し強めて水分を飛ばします。

★30分以上蒸らしてから天地返しをします。

★土鍋の場合は吹きこぼれやすいし、こげやすいので、火加減には注意してください。

ふたの穴に栓をする

無水鍋や厚手の鍋で炊く

鍋の厚みや材質、水のかげんで炊き方にかなり差がでます。さらっとした食感なので、玄米を食べ続けている人は、ほとんどがこの炊き方をされているようです。

炊き方

★水の量　米の1・8〜2・0倍くらい。

★約12時間水に浸しておきます。

★最初は中火くらいで炊き、沸騰してきたらごく弱火にし、こげないように気をつけながら約1時間炊きます。おいしそうな香りがしてきてから火を止めます。

★30分以上しっかり蒸らしてから天地返しをします。

上：黒米・黒豆赤飯，下：もち米・小豆赤飯

もっとたのしく、もっとおいしく——玄米ごはんのバリエーション

玄米赤飯（黒米・黒豆／もち米・小豆）

もち米や、もち米系の古代米（黒米・赤米）と、黒豆や小豆をいっしょに炊きあげると、赤飯のような味わいを楽しめます。

材料

○**黒米・黒豆赤飯**

玄米　3合／黒米　大さじ1　ざるですばやく洗う／**黒豆　大さじ2**　洗う／**塩　少々／備長炭**

○**もち米・小豆赤飯**

玄米　3合／もち米　0・5合　洗う／**小豆　大さじ2**　洗う／**塩　少々／備長炭**

炊き方

①鍋に玄米、黒米、黒豆（もち米、小豆）を入れ、水かげんをしてから塩、備長炭を入れ、12時間くらい浸しておきます。

②炊きあげて、30分以上蒸らしてから天地返しをし、ごまや塩少々をかけていただきます。

ポイント

●玄米は圧力鍋で炊いたときに、いちばんもっちりし、お赤飯のような味わいになります。

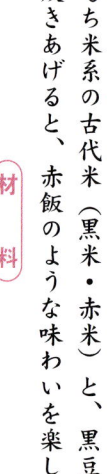

玄米はとむぎ・ピーナッツごはん

はとむぎは新陳代謝をうながし美肌効果が高く、ピーナッツの渋皮にはビタミンB_1がたくさん含まれています。栄養バランスがとのいます。

材料

玄米　3合／はとむぎ　大さじ2　洗う
ピーナッツ(生)　大さじ2　洗う／**塩　少々／備長炭**

炊き方

①鍋に玄米、はとむぎ、ピーナッツを入れ、水かげんをしてから塩と炭を入れ、12時間くらいおきます。
②炊きあげて、30分ほど蒸らしてから天地返しをし、ごまや塩少々をかけていただきます。

ポイント

●玄米ごはんはいっしょに炊き込んだ雑穀によって、さまざまな表情をみせてくれます。麦類を入れるとパラパラの食感が広がり、もちきび、もちあわを加えるとねっとり感が増します。工夫しだいでおもしろいメニューがどんどんできあがります。

玄米もちきび・もちあわごはん

玄米炊き込みごはん

季節のものをいっしょに炊き込んで、色あいと生命力あふれた玄米ごはんを楽しみましょう。

まいたけの炊き込みごはん

栗の炊き込みごはん

グリーンピースの炊き込みごはん

材料

玄米 3合／もち米 0・5合　洗う
まいたけ 1パック／備長炭
調味料（酒 大さじ1／塩 小さじ1／薄口醤油 大さじ1）

炊き方

①鍋に玄米、もち米を入れ、調味料を含めていつもの水の量にしてから炭を入れ、12時間くらい浸します。
②まいたけを適当な大きさに手でさき、①の上にのせて（玄米を水に浸すときいっしょに入れてもよい）炊きます。
③炊きあがったら、30分以上蒸らしてから天地返しをし、ごまをふっていただきます。

ポイント

- まいたけにかえてグリンピース、たけのこ、栗、里いもなどを入れると、いろいろな季節が味わえます。また、ひじきやにんじん、油揚げ、干ししいたけなど、複数のものを入れても楽しいです。
- 里いもや栗を炊き込むときは、塩だけでもおいしいです。
- 濃口醤油をたくさん入れてしまうと、玄米は水分を吸収しにくくなり、べちょべちょのごはんになりやすいので、塩と薄口醤油をおすすめします。

玄米混ぜごはん

玄米だけ炊いておき、しっかり味つけした材料をあとから混ぜ込みます。炊き込むよりも手間はかかりますが、バリエーションは広がります。

材料

炊いた玄米　茶碗3杯分
たけのこ　200g　ぬかでゆであくを抜き、いちょう切り
にんじん　½本　いちょう切り
油揚げ　1枚　熱湯でゆでて油を抜き小さく切る
糸こんにゃく　½袋　熱湯でゆでてあくを抜き小さく切る
みりん　大さじ2／醤油　大さじ2／塩　少々
ごま　大さじ1

つくり方

①たけのこ、にんじん、油揚げ、糸こんにゃくを鍋に入れ、水少々とみりんと醤油も加えて煮込みます。
②味がしみ込んだら、汁けがなくなるまで火を少し強めて煮きります。このとき、塩で味をととのえます。
③温かい玄米ごはんに②とごまを混ぜあわせます。

ポイント

- 玄米ごはんに高菜漬けや梅干し、ゆかり、けずり節、またひじきを煮たものや、きんぴらごぼう、きのこの炒めものなどを混ぜ込んだだけでも一味ちがいます。
- おかずがつくれないときも、これにとろろ昆布のスープとぬか漬けでりっぱな食卓のできあがりです。

玄米チャーハン

玄米は一粒一粒がしっかりしているので、だれでも上手にチャーハンがつくれます。

材料

炊いた玄米　茶碗3杯分
ひじき　10g　水でもどし、短く切る
にんじん　1/3本　千切り
玉ねぎ　1個　千切り
生しいたけ　3枚　千切り
れんこん　1/4本　いちょう切り
しょうが　少々　千切り
ごま油　少々／醤油　大さじ2／青のり　少々
ごま　大さじ1／いわし節　5g

つくり方

①フライパンにごま油を熱して、しいたけ、玉ねぎ、にんじん、しょうが、れんこんを炒め、ひじきも加え、よく火が通ったら玄米ごはんも入れこがさないように炒めます。
②醤油を入れ、よくなじんだら、ごま、いわし節を入れてさっくり混ぜて火から下ろし、青のりをかけていただきます。

ポイント

- 玄米を油で炒めたおいしさは格別です。残っている野菜を使って、すぐにつくれるメニューです。調味料もご自由に。
- 炒めたごはんをレタスやサラダ菜、青じそでくるんで食べるのもヘルシーです。

ひとロメモ

いわし節

ほかのけずり節と比べ、カルシウムをはじめミネラル分をより多く含み、酸性度も低く、重金属などの影響も少なくてすみ、おいしさもすぐれものです。

（入手先は巻末）

玄米おにぎり

玄米おにぎりを青空のもとでひと口かじると、体中にエネルギーがみなぎって、また歩き出す力を与えてくれます。

《おにぎりにする玄米の炊き方のコツ》

- 圧力鍋で炊いたものがいちばん食べやすいでしょう。玄米を水にしっかり12時間（夏は10〜8時間）浸して炊けば、電気炊飯器で炊いたおにぎりでも、冷めてもおいしく食べられます。
- 真夏の外出で持参する玄米おにぎりは栄養豊富なため、いたみやすくなります。玄米を炊くときに梅干しや梅酢を入れていっしょに炊きあげると、一粒一粒に梅酢の情報がいき届いていたむのを防ぎます。また、空気に触れないように、ラップでしっかり包んでしまうのも効果があります。

ポイント

- おにぎりは、手のひらに気持ちを込めてしっかり（力はほどほどに）にぎってあげます。まだ温かいうちに、さっさと時間をかけないでにぎるのがコツです。単純なおにぎりなのにつくる人によって味わいがちがいます。エネルギーいっぱいのおにぎりから、元気をもらいましょう。それで、遠足や運動会のときは、おにぎりなのです。
- 玄米おにぎりは、ごま油や醤油をつけて焼いたり、常備菜の鉄火味噌をつけたりすると、格別なおいしさが味わえます。

玄米おにぎり（左から，玄米，黒米，黒豆＋黒ごま，塩／玄米，五穀米＋梅干し，白ごま，青じそ／玄米，五穀米＋ゆかり，いわし節，ごま，のり）

玄米がゆ

断食明けに食べるこの玄米がゆは絶品です。体がきれいになっているので、玄米とごま塩だけのほんものの味わいが五臓六腑《ごぞうろっぷ》にしみわたっていきます。

材料

炊いた玄米　茶碗2杯分
すりごま、塩　適宜
梅干し

つくり方

①炊いてある玄米をミキサーに入れ、水も同量加え、10~20秒回します。
②鍋に移し、こげないようにかき混ぜながら温めます。濃さも水でかげんします。
③とろみが出てきたら、すりごまと塩を加えて味をととのえます。
④お椀に盛って、梅干しを添えます。

ポイント

- 離乳食や病人食のときも、初期から最後までの段階にあわせて、ようすをみながらミキサーの時間を変えることで調整することができ、便利です。また、水かげんで濃さも自由に変えられます。
- 生の玄米を電動ミルでひいてから炊きあげても、とろりとした玄米がゆをつくることができます。

玄米の七草がゆ

玄米がゆにはミキサーで攪拌してとろみを出すものと、七草がゆのようにさらっとした食感を味わうものがあります。

材料

炊いた玄米　茶碗2杯分
大根　5㎝　千切り
かぶ　1個　かぶはいちょう切り、葉は細かく切る
にんじん　⅓本　千切り
干ししいたけ　2枚　水でもどし、千切り
具〔野草（たんぽぽ、なずな、はこべ、よめな、その他手にはいるもの）適宜　適当な大きさに刻む**／せり　100g**　細かく切る〕
味噌　大さじ3強／だし汁　1リットル（58頁参照）
岩のり、青のり、いわし節　適宜

つくり方

①鍋にだし汁としいたけのもどし汁を入れ、しいたけ、大根、にんじん、かぶを入れて火にかけます。
②①がやわらかくなったら野草を入れ、炊いた玄米も入れます。
③味噌で味つけし、せりとかぶの葉をちらします。
④お椀に盛り、岩のり、青のり、いわし節をかけていただきます。

ひと口メモ

油の熱し方

炒めものをするときに、白い煙が出るまで油だけを熱してから野菜を入れる人が多いようですが、高温にすると油が酸化しやすいので注意します。

まず、鍋を熱して水分をしっかり飛ばし、油を入れたらすぐに野菜も加え、強火で炒めます。野菜の量が多すぎると、水っぽくなりますので、そのときは二回に分けて炒めるようにします。

過酸化脂質は老化や病気の大きな原因といわれていますので、油の取扱い方は要注意です。少しでもにおいの変化した油は用いないようにしましょう。

玄米巻きずし

すしめしには、酢がしみ込みやすい分づき米を炊きます。ぬかを入れると栄養は玄米と同じです。精米直後のぬかはにおいません。

材料

すしめし＝5分づき米　3合（3分づきでもよい）

ぬか　全部／押し麦　0・5合

合わせ酢（りんご酢　大さじ2強／梅酢大さじ2）

具〔**干ししいたけ　5枚**　水でもどし、千切り／**かんぴょう　20g**　塩もみしてから水でもどし、ゆでる／**にんじん　½本**　千切りにし、塩少々でゆでる／**きゅうり　1本**　細長い千切りにし、塩少々をふりかけて水けをふき取る／**みりん、醤油　適宜**／**ごま　少々**〕

のり　適宜

米ぬか入りのすしめしはこんな感じ

すしめしの炊き方

①炊く寸前に玄米を分づき米に精米します。

②①の分づき米とぬか、押し麦を鍋に入れ、3・5合の水を入れ、しばらく浸します。

③②を炊きあげ蒸らしてからすし桶に移し、合わせ酢を入れて切るように混ぜます。

ポイント

- 分づき米は家庭用の精米機で炊く寸前に精米すると、分づき米もぬかも酸化（劣化）せず、おいしく食べられます。
- すしめしには、さらっと炊ける電気炊飯器が適しています。

巻きずしのつくり方

①鍋に、しいたけとそのもどし汁、かんぴょうを入れて煮、みりんと醤油を加えて味を含ませます。汁がなくなるまで煮きります。

②のりを広げ、すしめしを敷き、ごまをふりかけてから、しいたけ、かんぴょう、にんじん、きゅうりをのせて巻きます。

ポイント

- 漬けもの、煮もの、ゆでたほうれんそうやいんげん、梅酢しょうが、納豆、ゆばなど、いろいろな食材でおいしい巻きずしができます。

玄米ちらしずし

ひな祭りには心を込めて玄米ちらしをつくりましょう。

材料

すしめし＝玄米巻きずしと同じ

具A〔かんぴょう 20g 塩もみしてから水でもどし、ゆでて小さく切る／**干ししいたけ 5枚** 水でもどして千切り／**にんじん ½本** 千切り／**みりん 大さじ2／薄口醤油 大さじ1強〕**

具B〔れんこん ½本 いちょう切り／**りんご酢 大さじ1／みりん 大さじ1／塩 小さじ1弱〕**

具C〔菜の花 100g／さやえんどう 80g ともに塩を入れたお湯でかためにゆでて、ざるに広げて冷ます（水に取ると味が落ちる）／**生ゆば 50g** 錦糸卵のように細切り〕

しょうが 少々 細い千切り

白ごま 大さじ1

つくり方

① しいたけのもどし汁とかんぴょう、しいたけ、にんじんを鍋に入れ、みりんと醤油も入れて煮ます。汁がなくなるまで煮きります（具A）。

② れんこんを、りんご酢とみりんと塩で煮て酢れんこんにします（具B）。

③ すしめしと、ごま、しょうが、具A、具Bを全部混ぜあわせます。

④ 具Cを上に飾ってできあがりです。

ポイント

- れんこんは、すしめしに使った酢と塩で煮ると、具としての色どりと味がさえます。
- 夏はきゅうり、しそ、ミニトマト、秋はぎんなん、きのこ、菊の花、冬はブロッコリー、ほうれんそう、ゆずをトッピングすると季節の変化を演出できます。
- 具の味は濃いめにしたいので、煮汁が材料に全部吸収されるように、最後は火を強めて煮きってしまうのがコツです。

上から，春，夏，秋，冬のちらしずし

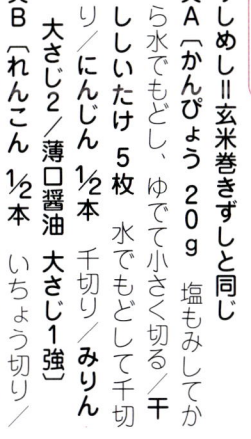

常備菜でらくらく健康食卓づくり

※常備菜は数日間食べ続けますので、分量は多めにしてあります。
※野菜は、中くらいの大きさを基準にしています。
※ごまは、とくに指示のない場合は、脂肪分が少なく、香りの強い黒ごまを使用してください。

きんぴらごぼう

ごぼうは地下にどんどん伸びるパワーあふれる野菜で、オリゴ糖や食物繊維を多く含み、腸の働きをととのえます。

材料

ごぼう　1本／にんじん　1本／れんこん　1/3本
皮つきのまま、あく抜きしないで千切り、れんこんはいちょう切り
しょうが　1個　千切り
ごま　大さじ2／ごま油　大さじ2／醤油　大さじ3強

つくり方

①鍋を温めてごま油を入れ、ごぼうを炒めます。いい香りがしてきたら、他の野菜も入れてさらに炒めます。
②少々の水と醤油を入れて落としぶたをし、弱火でごぼうがやわらかくなるまで煮ます。
③ふたを取り、少し火を強めて水がすっかりなくなるまで煮きり、最後にごまをたっぷりかけます。

ポイント

●皮にうま味と栄養があるので、皮もむかず、あく抜きもせず、生命をまるごと料理すると、ごま油と醤油だけでも素朴で深い味わいのきんぴらになります。

ひじきの煮もの

母なる海で育つ海藻は私たちの体を育んでくれる基本の食材です。地球上にあるすべてのミネラルは海に溶けています。

材料

ひじき 50g 水でもどす
にんじん ½本 千切り
干ししいたけ 3枚 水でもどし、千切り
高野豆腐 1個 水でもどし、さいの目切り
水煮大豆 1カップ
しょうが ⅓個 千切り
ごま油 大さじ1／みりん 大さじ2／醤油 大さじ2〜3

つくり方

①鍋を熱してごま油を入れ、にんじんとしょうがを炒めます。
②ひじき、しいたけとしいたけのもどし汁、高野豆腐、大豆も入れ、炒め煮します。
③みりんと醤油も入れ、落としぶたをしてしばらく煮ます。
④水けがなくなるくらいまで煮たら、ふたを取り、水が完全になくなるまで炒り煮して、うま味を材料にしっかりもどします。

ポイント

●ひじきはくせがないので、たいていの材料と仲良しです。とくに相性がよいものは油揚げ、こんにゃく、れんこん、切り干し大根、きのこなどです。いろいろなバリエーションを楽しんでください。

切り干し大根の煮もの

お日様の光を受けた大根がどうしてこんなに甘くて深い味に変わるのでしょう。ビタミン、ミネラル、食物繊維をたくさん含むので、もっと活用したい素材のひとつです。

材料

切り干し大根　50g　水にもどす
にんじん　1本　千切り
干ししいたけ　30g　水にもどし、千切り
しょうが　½個　千切り
白ごま　大さじ1
みりん　大さじ1／白醤油　大さじ1
ごま油　大さじ1／塩　少々

つくり方

① 鍋を熱してごま油を入れ、にんじんとしょうがを炒めます。
② 切り干し大根、干ししいたけ、しいたけのもどし汁を入れ、みりんと醤油も入れて、落としぶたをして弱火で煮ます。
③ 切り干し大根がやわらかくなったら、ふたを取り、汁がなくなるまで火を少し強くして炒り煮にします。
④ 白ごまをふり、塩を入れて味をととのえます。

ポイント

● 最後に水分をしっかり飛ばすことにより、日もちがよくなります。また、動物性食品やだしの素を入れなくても、水に溶け出した素材のうま味をもう一度しっかり吸い込ませることでおいしくなります。

左から濃口醤油，薄口醤油，白醤油

酢れんこん

れんこんはせき止め、疲労回復、ぜんそくに効果的です。常食すると基礎体力がつきます。

材料

れんこん ½本 いちょう切り
ごま 大さじ2
ごま油 大さじ1
酢 大さじ1～2
醤油 大さじ2
みりん 大さじ2

つくり方

① 鍋に少量の水と酢を加え、れんこんを入れて火にかけます。
② 煮立ってきたら、みりんと醤油、ごま油も加え、落としぶたをして煮込みます。
③ 水けが少なくなったら少し火を強めて、ほとんど水分がなくなるまで煮きり、ごまをふりかけます。

れんこんとじゃがいものきんぴら

じゃがいもは子どもも大人も好きな野菜ですが、体を冷やすので油けや塩けを強めにした味つけでカバーしましょう。

材料

れんこん ½本 小さめのいちょう切り
じゃがいも 2個 千切り
しょうが 1個 千切り
ごま油 大さじ2／みりん 大さじ1
醤油 大さじ2～3

つくり方

① 鍋を熱してごま油を入れ、れんこん、じゃがいも、しょうがを炒めます。
② みりんと醤油も加えてさらに炒めてから弱火にし、落としぶたをして、火が通って味がしみ込むまで煮込みます。
③ 最後に、水分を飛ばすように火を少し強め、照りが出るまで炒めます。

ポイント

● 皮ごと料理するとコクのあるうま味が出てきます。お好みでとうがらしを入れると味が引き立ちます。少々濃いめのしっかりした味つけで、しゃりしゃり感が残っているものがおいしいです。

鉄火味噌

鉄火味噌の中の根菜類が玄米のパワーをアップします。ごま油と味噌でじっくり煮込む調理法は、体を温めて新陳代謝を高め、体を引き締める力をアップさせます。

材料

ごぼう／にんじん／れんこん／しょうが　各50g　細かいみじん切り
昆布の粉（根昆布の粉末でもよい）**小さじ1**
小魚の粉末（煮干しの粉）**小さじ1**
八丁味噌または三年以上熟成の田舎味噌　300g
ごま油　120cc

つくり方

①鍋を熱してごま油20ccを入れ、野菜を十分炒めます。
②残りのごま油100cc、昆布の粉、小魚の粉末、味噌を入れ、弱火にして、こげないように注意しながら30分以上炒め続けます。
③ふりかけのようにパラパラの状態になったら、できあがりです。

ポイント

- 冷蔵しておけば1か月はもつ優秀な常備菜です。
- 30分以上炒りつけるたいへんな力仕事なので、たまには夫婦交代でつくってみてはいかがでしょうか。
- 三年熟成味噌は、ガンやアレルギーの予防効果にすぐれていることがわかり、最近注目されています。

野菜を十分炒めたら味噌を加える

30分ほど炒めるとパラッとしてくる

漬けもの

ちゃんと発酵した漬けもののおいしさは格別です。塩漬けやぬかみそ漬けは一度覚えてしまうと簡単です。

●三五八《さごはち》漬け

材料

好みの野菜　適宜／漬け床（白米の蒸しごはん5、米こうじ8、塩3の割合）

つくり方

①蒸した白米のごはんと、塩と米こうじを混ぜあわせ、水少々を加えます。

②野菜を漬け込み、冷暗所におきます。

③気温や野菜の種類によりますが、10〜24時間で漬かります。

ポイント

●塩3、蒸米5、米こうじ8の配合から三五八漬けといいます。市販の三五八漬けの素を利用してもよいでしょう。

三五八漬け

●白菜漬け

材料

白菜　適宜　4つ割りにし、一昼夜くらい天日干し

塩　白菜の重さの5％／とうがらし　適宜

つくり方

①白菜の根もと中心に塩をなすりつけながら容器の中に並べていき、1段ごとにとうがらしを上からふります。

②いちばん上に残りの塩をふってからふたをし、その上から白菜の重さの2倍以上の重石をします。一晩くらいで水が上がり、それから2〜3日目くらいから食べられます。

白菜漬け

●ぬかみそ漬け

材料

炒りぬか　800g／塩　150g

水　0・8リットル／好みの野菜　適宜

つくり方

①鍋に水と塩を入れて火にかけます。塩が溶けたら冷まします。

②炒りぬかに①を混ぜてぬか床をつくります。

③好きな野菜を漬け込みます。

④5日目くらいから風味がよくなってきます。

ポイント

●ぬか床の表面にペーパータオルをおくと、水分を吸収してくれたり、異常発酵を防いでくれたりします。

ぬかみそ漬け

昆布巻き

昆布はうま味成分のグルタミン酸ナトリウムを豊富に含み、ガンの予防効果や血圧降下作用があります。

材料

具〔ごぼう 1本／にんじん 2本　5㎝の長さに切り、4〜6つ割りにして同じ太さにする
ごま油 大さじ2／醤油 大さじ2〕

昆布（幅5㎝×長さ15㎝くらい）**10枚**　表面をかるくふき、浸るくらいの水に入れて10分ほどもどす

結ぶための昆布 10枚　ぬれ布巾に包んでやわらかくして細く切る

油揚げ 5枚　熱湯で油を抜き、それぞれ袋を開いて2枚に切り離す

酒 大さじ2／みりん 大さじ2／醤油 少々

つくり方

①鍋を熱してごま油を入れ、ごぼうとにんじんを入れてふたをして、弱火で蒸し煮にします。

②野菜がやわらかくなったら、醤油も加え、味をしっかり含ませます。

③昆布に油揚げと②をしっかりとくるみ、細く切った昆布で結びます。

④鍋に酒とみりん、昆布のもどし汁を入れて③を並べ、ひたる程度に水を加え落としぶたをして煮込み、昆布がやわらかくなったら香りづけに醤油を加えます。

⑤中までしっかり味がしみ込んだらできあがりです。

ポイント

● ごぼうは油で炒めると、うま味が引き出されます。油揚げまで加わるので、野菜だけなのにコクのある味わいになります。

● 昆布には意外に塩分が多いので、塩かげんには注意し、ようすをみながら醤油で味をととのえるようにしてください。

こんにゃくのおから煮

こんにゃくいもは畑で成長するのに三〜五年もかかるし、子いもを育てるとき親いも自身も生きのびるという不思議な生命力をもっています。

材　料

こんにゃく　½枚　熱湯でゆでてあくを抜き、短冊切り
にんじん　½本　千切り
油揚げ　1枚　熱湯でゆでて油を抜き、千切り
生しいたけ　3枚　千切り／**ねぎ　1本**　小口切り
しょうが　½個　千切り／**おから　150g**
みりん　大さじ2／白醤油　大さじ2強／ごま油　大さじ2

つくり方

①鍋を熱してごま油を入れ、こんにゃくを炒め、みりんと白醤油を大さじ1ずつ入れて味を含ませます。
②こんにゃくをいったん取り出し、もう一度ごま油を入れ、にんじんとしょうがを炒め、次に生しいたけ、油揚げを加えてさらに炒めます。
③残りのみりんと白醤油を加え、こんにゃくとおからも加え、炒め煮します。
④材料がしっかり味を含んだころ、ねぎを入れてしんなりするまで炒めます。

ポイント

●おからは食物繊維の宝庫です。クッキーやコロッケに混ぜ込んだり野菜やきのこの和えものに加えたりすると、ヘルシーでおいしい料理ができあがります。
●淡白なこんにゃくに味を含ませておいてからほかの材料とあわせ、おからで炒めるので味わいが深まります。

高野豆腐の煮もの

高野豆腐はお日様の恵みをいっぱい受けて中身が濃縮され、うま味や甘味が増したり新たな成分がつくり出されたりしてよりパワーアップしています。

材料

高野豆腐　5枚　水でもどし、大きめに切る
昆布（5㎝×10㎝）**2枚**　水でもどし、ひと口大に切る
干ししいたけ　5枚　水でもどし、ひと口大に切る
油揚げ　2枚　熱湯で油を抜き、ひと口大に切る
みりん　大さじ2／醤油　大さじ2強

つくり方

①鍋に昆布、しいたけとしいたけのもどし汁を入れ、火にかけます。
②高野豆腐と油揚げ、みりん、醤油を加え、弱火でコトコト煮込みます。
③ほとんど汁がなくなり、高野豆腐にしっかり味がしみ込んだらできあがりです。

ポイント

●昆布と干ししいたけ、高野豆腐のシンプルな組合わせでほんものの和食の味わいが出せます。そして、体をやさしく守り育ててくれます。

ひと口メモ

野菜を日に干してパワーアップ

おいしいカレー屋さんが教えてくれました。おいしさの秘密は、野菜をお日様にちょっとだけ干してパワーを入れてから料理することだそうです。そういえば、冬のたくあん漬けや白菜漬けは、必ず日に干しますね。ゆったりした休日には、野菜といっしょにのんびり日を浴びてパワーアップしてはいかがでしょうか。

五目煮

根菜中心の伝統的な日本の味です。コトコトじっくり煮込んだ野菜の味わいは、子にずっと残してあげたい思い出の味です。

材料

大根 1/3本／にんじん 1/2本 1cm角切り
ごぼう 1/2本／れんこん 1/3本 1cm角切り
こんにゃく 1/2枚 ゆでてあくを抜き、1cm角切り
水煮大豆 1/2カップ
昆布 5cm×10cm 水でもどし、1cm角切り
干ししいたけ 3枚 水でもどし、1cm角切り
みりん 大さじ2／味噌 大さじ2強
ごま油 大さじ1強

つくり方

①鍋を熱してごま油を入れ、大根、にんじん、ごぼう、れんこん、こんにゃくを炒めます。
②①に水煮大豆、昆布、干ししいたけを入れ、材料がひたるくらいに昆布としいたけのもどし汁を加え、みりん、味噌を入れて落としぶたをし、コトコトとじっくり煮込みます。

ポイント

●汁がほとんどなくなるまでじっくり煮含めると、野菜のほんもののうま味が生きてきます。厚揚げや高野豆腐を入れるのもよいでしょう。いつものあっさり醤油味ではなく、ごま油と味噌でコクのある味つけもたまにはいいものです。

ひとロメモ　蒸すだけで一食できあがり

食事を準備するのにわずかな時間しかない日に、最初から手づくりするのはまず無理です。しかし、市販のお惣菜だけをテーブルに並べるのは味けないものです。

時間のあるとき常備菜を多めにつくり、一食分くらいずつ小分けにして冷凍しておくと便利です。冷凍した玄米ごはんといっしょに蒸せば、一食できあがりです。玄米と常備菜の組合わせは理想的な食事の基本なので、忙しいときにこそ、こういう食事を工夫して摂っていただきたいのです。

食卓をうるおす四季の料理

※四季の料理の材料は、3～4人分が目安です。

春

新陳代謝をうながす食材と、芽吹きの春を心から楽しむおかず

春キャベツとりんごの塩もみ

りんごと春キャベツの甘い甘い組合わせを、塩味がキリッと上品なおいしさに仕立ててくれます。

材料

キャベツ　3枚　水に浸してパリッとさせて千切り
りんご　½個　皮をむかずに千切り
塩　少々

つくり方

● キャベツとりんごを、塩でさっともみます。

たけのことエリンギの素焼き

伸びる竹の生命力を味わいましょう。掘りたてのたけのこなら、あく抜きはいりません。

材料

たけのこ 小1本 米ぬかでゆでてあくを抜き、薄くスライス

エリンギ 3本 薄くスライス

醤油 少々

つくり方

①たけのことエリンギをオーブントースターの天板に並べます。

②色がつくまでこんがり焼き、醤油をたらしてさらに1分焼きます。

天板に並べた材料

めかぶの酢のもの

春が旬の丸ごとのめかぶを刻むと、春の香りと海の香りが口の中で広がります。

材料

丸ごとのめかぶ 1個

合わせ調味料（酢 大さじ1／ごま油 大さじ1／醤油 大さじ1／白ごま 大さじ1）

つくり方

①めかぶは、さっと熱湯をくぐらせるときれいなグリーンに変化します。これを千切りにします。

②①を調味料で和えます。

丸ごとのめかぶ

春野菜のサラダ

春の香りを温野菜サラダにしてたっぷり味わいます。種類が多いほど春は濃厚に香り立ちます。

材料

菜の花 100g 塩を入れてさっとゆで、ざるにのせて冷まし、ひと口大に切る

春菊 50g 塩を入れてさっとゆで、ざるにのせて冷まし、ひと口大に切る

さやえんどう 30g 塩を入れてさっとゆで、ざるにのせて冷まし、細切り

生しいたけ 3枚 オーブンで焼き、千切り

生ゆば 50g ひと口大に切る

しょうが ½個 千切り

合わせ調味料（ぽん酢 大さじ2強／塩 少々／白ごま 大さじ1）

つくり方

● 準備した材料を調味料で和えます。

ポイント

● せり、アスパラガス、グリンピース、かぶ、ブロッコリー、うどなど、いろいろな春に出会いましょう。調味料も、塩、酢、オリーブオイル、ごま油、醤油などと、変化をつけて楽しみましょう。

和風餃子

肉がまったくはいっていない餃子です。醤油に漬けたにんにくと、らっきょうの味わいが格別です。

材料

餃子の皮 20枚
にら 1束 細かく切る
生しいたけ 3枚 細かく切る
らっきょう 2個 みじん切り
醤油漬けにんにく 1個 みじん切り
しょうが 少々 みじん切り
片栗粉 大さじ1強
ごま油 適宜

醤油漬けにんにく

つくり方

①にら、生しいたけ、らっきょう、にんにく、しょうがと片栗粉をボールに入れ、混ぜあわせて4等分にしておきます。
②4等分したうちのひとつを5枚の皮で包みます。
③鍋を熱してごま油をひき、餃子をこんがりと焼き上げます。

ポイント

●薬味は使い方次第で料理の味を格調高く仕上げてくれるとともに、おいしくて体にもとてもやさしいのです。にんにくを醤油に漬け込んでおくと、薬味としていろいろな料理に重宝します。

ほうれんそうと春菊のごま和え

春菊の香りが苦手という人も、二種類以上の野菜といっしょにすると食べやすくなります。

材料

ほうれんそう ½束 塩ゆでし、水に取り冷ます
春菊 ½束 塩ゆでし、そのまま冷ます
合わせ調味料（すり黒ごま大さじ3／味噌 大さじ2／みりん 大さじ2）

つくり方

① ほうれんそうと春菊を3cmに切りそろえます。
② ①の水分をきって合わせ調味料で和えます（みりんは鍋で温めてアルコール分を飛ばして使ってもよい）。

ポイント

● ほうれんそうは水溶性のシュウ酸を多く含むため水に取って除きますが、シュウ酸が少ない春菊は、ビタミンCの溶出を防ぐため水に取りません。

わかめとたけのこの酢味噌和え

たけのことわかめは、山と海のもので相性がよく、和えものやスープ、煮ものに大活躍します。春の香りを味わうのに、最適な素材です。

材料

たけのこの頭の部分 2個 米ぬかでゆで、薄切り
乾燥わかめ 10g 水にもどし、2〜3cmに切る
合わせ調味料（白味噌―甘口のもの 大さじ2強／酢大さじ2／みりん 大さじ1）

つくり方

● たけのことわかめを調味料で和えます（みりんは鍋で温めてアルコール分を飛ばして使ってもよい）。

せりとみつ葉のおひたし

香りの強いものどうしですが、味噌といわし節で互いのもち味が生かされ、春色に染まる食卓ができました。

材料

せり／みつ葉　各1束

塩をひとつまみ入れたお湯にさっとくぐらせ、そのまま冷ます

味噌　大さじ2

いわし節　ひとつかみ

つくり方

①せりとみつ葉を1㎝ずつに切ります。

②①を味噌といわし節で和えます。

ポイント

●たんぽぽ、よめな、なずな、はこべなどの春の野草を組み合わせ、意外な春の味覚を楽しみましょう。

ふき味噌

ふきのとうのほろ苦さが体中に春の喜びを感じさせてくれます。

材料

ふきのとう　10個　粗いみじん切り

味噌　大さじ3／ごま油　大さじ2／みりん　大さじ2

つくり方

①鍋を熱してごま油を入れ、ふきのとうを炒めます。

②みりんと味噌を加え、香りが飛ばないように短時間でしっかり味を含ませるように炒りつけます。

和風ロールキャベツ

キャベツと豆乳の甘さが口の中で溶けあいます。和風の材料だけなのに、なぜか昔の洋食屋さんのにおいがします。

材　料

キャベツ　3枚　ひとつまみの塩を入れてゆで、そのまま冷ます
にんじん　½本　千切り
昆布　5㎝×10㎝　水でもどし、千切り
干ししいたけ　3枚　水でもどし、千切り
水煮大豆　大さじ3
しょうが　少々　千切り
豆乳　200㏄
塩、こしょう　適宜
くず粉　少々

つくり方

①キャベツの葉を広げ、干ししいたけ、にんじん、大豆、しょうがを包み込み、ようじでとめます。
②鍋に①を並べて昆布、および昆布と干ししいたけのもどし汁を入れ、塩、こしょうをふって火にかけ、しばらく煮込みます。
③温めた豆乳に②の汁を加え、水で溶いたくず粉でとろみをつけます。
④キャベツの上に③をかけてできあがりです。

海の香の味噌汁

乾物を利用してさっとつくれる味噌汁です。上にのせる青菜を春の香りのものにするだけで、豊かな食卓に変わります。

材料

海藻（乾燥ふのり ひとつまみ／ばら干し青のり ひとつまみ／乾燥岩のり ひとつまみ）
焼きふ 少々
味噌 小さじ1
いわし節 適宜
青菜（みつ葉、あさつき、さやえんどう、せり、ふきのとう、よめな、よもぎ、など）

つくり方

①お椀に味噌、海藻、焼きふ、いわし節を1人分ずつ入れ、お湯を注ぎます。
②春の香りのする青菜を用意し、みつ葉、あさつきは生のまま細かく刻み、それ以外はさっとゆでて3㎝くらいに切り、①の上に散らします。

ひと口メモ

料理はアート

料理をつくるとき、素材が足りなかったり、調味料が切れてしまったりして、あわてることがよくあります。

そんなとき、ないものにこだわらず、あるもので代用してしまえば、新しい料理のできあがりです。醤油味を味噌味に変えたら、思いもかけない味になったりします。

料理は、アイデアのいっぱいつまったアートであり、私たちはアーティストなのです。

左から岩のり，ふのり，青のり

夏

ほてった体を冷ます食材と、光の夏をのりきるパワーあふれるおかず

なすのおろし和え

なすは油と相性がよく、へたまで食べられるくらいやわらかくなります。油は焼き終わるころにかけ、酸化を防ぎます。

材料

なす 5個 へたをつけたまま丸ごと
大根 1/3本 皮つきのまますりおろし、水分を少しだけしぼる
ねぎ 1本 小口切り／**みょうが 3個** 千切り
貝割れ大根 1パック／しょうが 1/2個 千切り／**ごま油 大さじ1**
合わせ調味料（すり白ごま 大さじ2／酢 大さじ2／ごま油 大さじ2／醤油 大さじ3）

つくり方

①なすはオーブンに入れ、やわらかくなるまで焼きます。
②なすにごま油をふりかけ、もう1分ほど焼き、1本を縦に4等分してペーパータオルで水分を取ります。
③ねぎ、みょうが、しょうが、大根おろしと調味料全部をあわせます。
④②のなすを③で和え、貝割れ大根を上に飾ります。

カレー風味のしそ巻き

カレー粉、味噌、しその風味がマッチし、子どもたちに食の思い出を残してあげたいおいしい一品です。

材料

しそ（大きいもの） **10枚**　そのまま／**小麦粉**（全粒粉） **大さじ3**
玉ねぎ 1/2個　みじん切り／**にんじん 1/3本**　みじん切り
味噌　大さじ2／ごま油　大さじ2／カレー粉　適宜
焼くためのごま油　適宜

つくり方

①玉ねぎとにんじんをごま油で炒めます。
②小麦粉を加え、こがさないように炒め、味噌とカレー粉も加えてさらによく炒めます。
③しその葉を広げ、その中に②を棒状に延ばし、しっかりのり巻きのようにくるみます。
④鍋を熱してごま油をひき、③をこんがりと焼きます。

水菜とわかめの和えもの

山のものと海のもの、かたいものとやわらかいもの、シャキシャキ感とねっとり感、選ぶ素材で多様な和えものが楽しめます。

材料

水菜　1束　水につけパリッとさせ、3㎝に切る
乾燥わかめ　10g　水でもどし、ひと口大に切る
エリンギ　3本　オーブンで焼いて、短冊切り
枝豆（中身） **大さじ2**　塩ゆでにし、中身を取り出す
貝割れ大根　1パック
しょうが　1/2個　千切り
ポン酢　大さじ3
塩　少々
黒ごま　大さじ1

つくり方

● 材料すべてをポン酢と塩で和え、ごまをまぶします。

トマトと全粒粉スパゲッティのサラダ

火の通ったものと生のものの食感が新鮮です。でんぷんと温野菜のサラダは、冷房の中で過ごす体の冷えすぎを助けてくれます。

材料

完熟トマト　5個　粗切り／**玉ねぎ　1個**　粗みじん切り
ピーマン　2個　粗みじん切り
なす　1個　縦半分にしてごく薄い半月切り
にんにく　1かけ　みじん切り
しそ　8枚　千切り
全粒粉スパゲッティ　80g　半分の長さに折って、塩を入れてゆでる
オリーブオイル　大さじ3／塩、こしょう　適宜
生野菜（レタス、キャベツ、パプリカ、パセリ、イタリアンパセリ、セロリ、香菜など）

つくり方

①鍋を熱してオリーブオイルを入れ、玉ねぎが透明になるまで炒めます。
②ピーマン、なす、にんにくを加えてさらに炒め、トマトを加えて煮込みます。
③トマトの形がなくなるまでよく煮込んだら、塩、こしょうで味をととのえ、しそも混ぜ込んで香りをつけます。
④お好きな生野菜を用意して、やわらかいものはひと口大、かたいものは千切りにするか細かく切り、しっかり水分を取ります。
⑤③のトマトソース、スパゲッティ、④の生野菜を混ぜあわせ、最後に塩とこしょうで味をととのえます。

夏野菜のポタージュ

キャベツとかぼちゃの甘味がとてもおいしいポタージュです。野菜だけなのに、じっくり煮込むとほかに調味料がいらないくらいのうま味が出てきます。

材料

キャベツ　1/3個　粗切り
玉ねぎ　1/2個　粗切り
にんじん　1/2本　粗切り
かぼちゃ　1/4個　粗切り
ピーマン　2個　粗切り
しょうが　少々　みじん切り
塩、こしょう　適宜

つくり方

①鍋に野菜を全部入れ、少量の水を加え、弱火にしてやわらかくなるまで煮込みます。
②少し冷ましてミキサーにかけ、ドロッとしたポタージュ風にします。
③鍋で温めて、塩、こしょうで味をととのえます。

ひと口メモ

野菜スープは生野菜よりパワフル

野菜スープには、生野菜に比べて一〇〜一〇〇倍の活性酸素中和能力があることがわかりました。植物の有効成分はセルロース系のかたい膜に包まれていて、消化・吸収に手間がかかりますが、ほとんどの成分は水溶性なので、水を加えて煮ることによって細胞膜が壊され、スープに溶け出てくるのです。

煮ることによりビタミンCは少し消失してしまいますが、いろいろな野菜をいっしょにすれば、それほど壊れないそうです。味噌汁、鍋もの、スープ、野草茶など、汁ごと食べる野菜料理をたくさん摂りましょう。

淡雪豆腐

豆腐は加工しやすい素材です。主役にしたり脇役にしたりして豆腐を使いこなしましょう。

材料

絹豆腐 1丁 重石をかけて水分を軽く切る
豆乳 100cc
梅酢 大さじ1
白味噌 大さじ1
あさつき 少々 小口切り
きゅうり 少々 千切り
パプリカ 少々 千切り

つくり方

① フードプロセッサーで豆腐、豆乳、梅酢、白味噌を混ぜあわせてペースト状にします。
② ①を涼しげなガラスの器に盛って、あさつき、きゅうり、パプリカを上に飾り、冷やしていただきます。

ごま豆腐

ごまはミネラルやビタミンを多く含み、良質のたんぱく質や不飽和脂肪酸にも富んでいます。

材料

豆乳 500cc／くず粉 50g
練りごま 大さじ2／塩 少々

つくり方

① 練りごまは豆乳を少しずつ加えてのばし、くず粉はわずかな水に入れて溶かし、ふたつを混ぜあわせます。
② 鍋に①を入れて塩を加え、中火にかけて絶えずかき混ぜながら約15分加熱します。
③ 水にぬらした容器に流し入れ、冷やしかためます。わさび醤油でいただきます。

枝豆のサラダ

枝豆は独特の香りときれいなグリーンで料理に花を添えます。最近、健脳食としての豆の力が見直されています。

材料

枝豆（中身）50g 塩でゆで、中身を取り出す
長ひじき 30g 水でもどし、さっとゆでて水を切る
生しいたけ 5枚 オーブンで焼いて、太めに千切り
にんじん ⅓本 太めに千切り、さっと塩ゆで
いわし節 ひとつかみ
ごま油 大さじ2
酢 大さじ2
醤油 大さじ2

つくり方

①枝豆、ひじき、生しいたけ、にんじんをボールに入れ、ごま油を入れて混ぜあわせ皮膜をつくります。
②酢、醤油を加えて混ぜあわせ、最後にいわし節を入れてふんわり混ぜます。

にんじんといんげんのごまよごし

きな粉と塩がにんじんの甘さをより引き立てます。きな粉の香りと食感を調味料として活用しましょう。

材料

にんじん ½本 拍子木切り
いんげん 10本 半分に切る
白すりごま 大さじ2／きな粉 大さじ2／塩 少々

つくり方

①すりごまときな粉と塩を混ぜあわせます。
②にんじんといんげんを、それぞれかために塩ゆでし、水を切ります。
③②が温かいうちに、①で和えます。

めかぶとオクラのとろとろ和え

ねばねばどうしのおいしい組合わせです。梅干しとねぎの薬味が味の引き締め役です。

材料

めかぶ　30g　熱湯にくぐらして千切り（切ってあるものを利用してもよい）
オクラ　1パック　塩ひとつまみ入れた熱湯でさっとゆがき、薄くスライス
納豆　30g
梅干し1個　種を取って細かく刻む
白ねぎ　少々　小口切り
ごま　適宜
醤油　少々

つくり方

①めかぶと納豆をかき混ぜます。
②①にオクラ、梅干し、ねぎ、ごまを混ぜあわせ、醤油で味をととのえます。

まいたけじゃが

野菜それぞれのもち味が調和した肉にたよらない自然な味です。

材料

まいたけ　1パック
じゃがいも　3個　ひと口大切り
玉ねぎ　2個　くし形切り
糸こんにゃく　1パック　熱湯であく抜き、適当な長さに切る
ごま油　大さじ2
みりん　大さじ2
醤油　大さじ2強

つくり方

①ごま油で玉ねぎを透明になるまで炒めます。
②糸こんにゃくとじゃがいもを加えて炒めます。
③ひたひたの水を加え、まいたけを手でさいて入れます。
④みりんと醤油を加えて落としぶたをして煮込み、野菜にうま味がしみ込んだらできあがりです。

夏野菜の醤油漬け

カリッとつけるために野菜は大きめに切ります。水っぽさを防ぐには野菜を天日に少しだけ干してから使います。

材料

なす 1本 ひと口大に切る
きゅうり 1本 ひと口大に切る
にんじん 1/3本 薄めにひと口大に切る
セロリ 1/2本 ひと口大に切る
しそ 2枚 ひと口大に切る
しょうが 1/3個 ひと口大に切る
みょうが 3個 斜め半分に切る
たれ（醤油とみりんを同量で煮つめたもの）**適宜**

つくり方

①醤油とみりんを同量で煮つめ、たれをつくりおきします。
②全部の野菜をたれに漬けます。
③野菜にたれがしっかりしみ込むように、ときどきかき混ぜます。30分ほどで食べられます。

ポイント

●野菜からしみ出たエキスがおいしいので、食べ終わったあとは汁をめんのつけ汁や煮ものに利用しましょう。

ひと口メモ

夏でも熱を通そう

夏は、食欲が落ちて、さっぱり味の生野菜を食べがちです。しかし、生野菜は冷房の中で過ごす体には負担ですので、さっとゆでるだけですむおひたしや和えものがおすすめです。短時間でできますし、火の通ったものと生のもの両方を混ぜあわせると、さっぱり感もあり、熱がはいった分、冷えすぎも防げます。

秋

寒さに向かう季節の体調をととのえる食材と、収穫の秋を寿ぐおかず

もずくと菊の和えもの

ぎんなんと菊の花の香りと色が秋を演出します。日本人は菊の花を目で見、鼻でかぎ、食べることによって花のすべてを味わってきました。

材料

もずく　50g
菊の花　1パック　がく片を取る
ぎんなん　10個　炒ってから実を取り出す
合わせ調味料（酢　大さじ2／みりん　大さじ2／醤油　大さじ2）

つくり方

① 菊の花は熱湯でさっとゆで、ざるに取ってそのまま冷まします。
② もずくと菊の花、ぎんなんを合わせ調味料で和えます。

きのこのおろし和え

日本人にはなじみの深いきのこには、ガンに効果がある成分が含まれていることがわかり注目されています。

材料

しめじ　1パック／生しいたけ　3本
エリンギ　1パック／大根　1/3本
貝割れ大根　1パック
ねぎ　1/2本　小口切り
油揚げ　1枚　熱湯で油を抜く
醤油　少々

つくり方

① きのこは適当な大きさに切り、オーブンで焼きます。
② 大根をおろし、水分を軽くしぼります。
③ 油揚げはオーブンでカリッとするまで焼き、短冊切りにします。
④ 材料全部を和えます。

にんじんのとも和え

にんじんのオレンジは元気の出る色です。丸ごと使うとカラフルになり、シンプルなのに深い味わいになります。

●グリーンソース和え

材料

にんじんの葉（ないときはパセリで代用）**1本分**　ひとつまみの塩を入れてゆで（パセリは生のまま）、ざく切り

にんじんの根　1本分　拍子木切り、ひとつまみの塩を入れてゆでる

絹豆腐　½丁　ゆでて中まで火を通し、重石をのせて水分をきる

調味料（練りごま　大さじ1／白味噌　大さじ1／白すりごま　少々／みりん　大さじ1）

つくり方

①フードプロセッサーに、にんじんの葉、豆腐、調味料を入れて回します。

②にんじんの根を①のソースで和えます。

●オレンジソース和え

材料

にんじんの根　2本　拍子木切り、ひとつまみの塩を入れてゆでる

絹豆腐　½丁　ゆでて中まで火を通し、重石をのせて水分をきる

調味料（練りごま　大さじ1／白味噌　大さじ1／白すりごま　少々／みりん　大さじ1）

つくり方

①フードプロセッサーに、にんじんの根を半分入れ、豆腐、調味料を加えて回します。

②残りのにんじんの根を①のソースで和えます。ソースはオレンジ色になります。

大根一本料理

大地の中で丸々と太った大根を、葉っぱからしっぽまで丸ごといただきましょう。大根一本の生命がこんなにも私たちを楽しませ、豊かにさせてくれます。

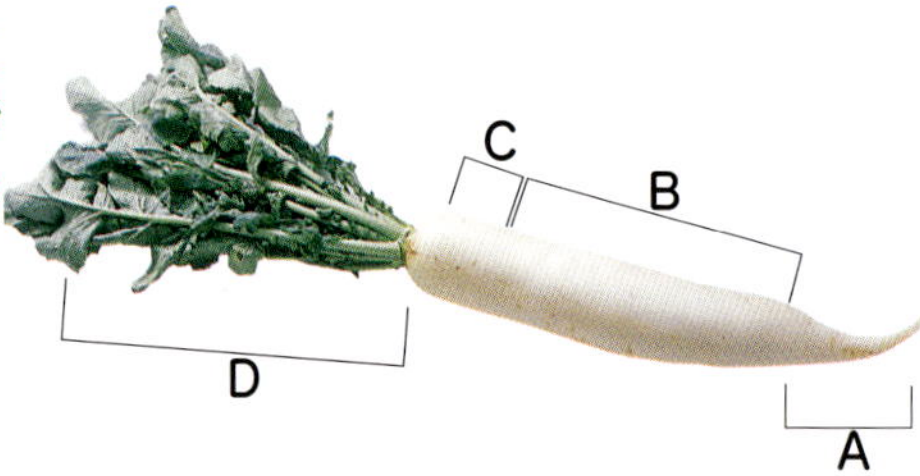

●大根葉としっぽのじゃこ炒め

材料

大根(A)のしっぽ　千切り
大根(D)の葉　さっと塩ゆでし、1㎝に切る
じゃこ　20g／しょうが　½個　千切り
白ごま　大さじ1／白醤油　大さじ1強
みりん　大さじ1

つくり方

①ごま油で大根のしっぽとしょうがを炒めます。
②①にじゃこと大根葉を加えて炒めます。
③みりんと白醤油を加え、落としぶたをして煮ます。材料に火が通ったら、火を強めて水分がなくなるまで炒り煮し、ごまをふりかけます。

●大根のぴりっと煮

材料

大根（B）の部分　短冊切り
昆布　5㎝×10㎝　はさみで千切り、水でもどす
とうがらし　2本
もちきび　½カップ
こんにゃく　½枚　ゆでてあくを抜き、短冊切り
みりん　大さじ1
白味噌　大さじ2強
ごま油　大さじ1

つくり方

①大根をごま油で炒め、こんにゃくを加えて炒めます。
②昆布ともどし汁を①に加え、もちきびととうがらしも入れて煮ます。
③もちきびが少しやわらかくなったら、みりんと白味噌を加え、味がしみるまでコトコト煮込みます。

ポイント

●もちきびは、滋養とコクを増すために入れます。

●大根と柿のサラダ

材料

大根（C）の部分　いちょう切り
柿　1個　いちょう切り
納豆　少々／昆布　少々　はさみで細切り
梅酢　大さじ1／干しぶどう　少々

つくり方

●材料全部を和えます。

里いもバーグ

野菜だけでつくるハンバーグです。里いもに混ぜ込んだ具が香ばしくて実りの秋の味です。

材料

里いも　5個　皮ごとゆで、皮をむいてつぶす
にんじん　1/4本／ごぼう　1/4本／れんこん　少々　粗みじん切り
醤油漬けにんにく　2かけ　粗みじん切り
しょうが　少々　粗みじん切り
そば粉　適宜／ごま油　適宜／醤油　適宜

つくり方

①れんこん、ごぼう、にんじん、にんにく、しょうがをごま油でよく炒め、濃いめに醤油で煮しめます。

②①と里いもを混ぜあわせ、そば粉を少しずつ加えながらほどよいかたさにし、ハンバーグのようにまとめます。べとべとしやすいので、だんごをつくるときのように手水をつけながら丸めます。

③フライパンを熱してごま油を入れ、両面を焼き、醤油味を含ませます。

手水をつけて丸める

ポイント

●里いもはカリウムや食物繊維が多く、他のいも類より低カロリーで、栄養のバランスがとれた素材です。いろいろなバリエーションで楽しみましょう。

豆腐の豆乳煮

昆布のだしと豆乳がお互いのおいしさを高めて、とろりと濃厚な味のする豆腐になります。

材料

絹豆腐 1丁 6〜8等分する
豆乳 300cc
しめじ 1パック
白醤油 少々
ねぎ 少々 小口切り
昆布 少々 はさみで細切り

つくり方

①鍋に水少々と昆布をいっしょに入れ、しばらく浸してから昆布のうま味が出るように弱火で煮ます。
②昆布のうま味が出たころ、豆腐を鍋に入れ、しめじと豆乳、白醤油を加え、吹きこぼれないように気をつけて煮ます。
③材料に火が通ったら小鉢に盛り分け、ねぎをのせていただきます（昆布もいっしょに食べる）。

さつまいもの黒豆きんとん

相性のよい、いもと豆は互いのうま味を引き立てます。黒く光る豆がきれいです。

材料

さつまいも 1本 蒸す
黒豆 ½カップ 一晩水に浸す／**塩 少々**

つくり方

①黒豆は、やわらかくなるまで煮ます。
②さつまいもは、皮ごとつぶします。丁寧につぶすと上品に仕上がり、少し粗めにつぶすとできあがりの形が楽しめます。
③①と②と塩を混ぜあわせ、茶巾しぼりにします。

枝豆の呉汁

豆のおいしさがじっくり味わえる一品です。枝豆の薄グリーン色が目を楽しませてくれます。九州の友人がごちそうしてくれた呉汁から生まれた献立です。

材料

枝豆（中身）**100g**　塩ゆでし、豆を取り出す
豆腐（木綿でも絹でも好みで）**1丁**　さいの目切り
油揚げ　1枚　熱湯で油を抜き、小さく切る
しめじ　1パック
長ねぎ　1本　小口切り
昆布　少々　はさみで細切り
しょうが　少々
白味噌　適宜

つくり方

①枝豆はフードプロセッサーで細かくします。
②昆布はしばらく水につけてから煮ます。
③②に油揚げとしめじを加え、しばらく煮てから豆腐と①を加えます。
④しょうがをおろして加え、白味噌で味をととのえ、ねぎを散らします。

ひとロメモ

うま味を野菜にもどすコトコト煮

煮ものをつくるとき、コトコトとじっくり煮込んだほうがおいしくなります。動物性のものを使わない煮ものは、野菜から出たうま味をもう一度野菜にもどすことが大切です。強火で短時間煮ても水分は同じように飛ぶのですが、味の深さがちがってきます。

私は朝でかける前にちょっと煮込んでおきます。家に帰ってからもう一度火を入れると、短い時間でもおいしい煮ものに仕上がります。

飛竜頭揚げ（がんもどき）

おいしいがんもどきが簡単につくれます。しょうが醤油か、からし醤油でほんもののおいしさを味わってください。

飛竜頭の形をつくる

材料

木綿豆腐 1丁 水分を切る／**にんじん ⅓本** 細い千切り

生しいたけ 2枚 細い千切り／**長いも 10㎝** 細い千切り

しょうが ½個 細い千切り

ぎんなん 10個 炒ってから実を取り出す

芽ひじき 5g 水でもどす／**いわし節 少々**／**塩 少々**

揚げ油（ごま油＋なたね油あるいはオリーブオイル）**適宜**

つくり方

① 豆腐はボールに入れてこなごなにします。

② にんじん、生しいたけ、長いも、しょうがを①に加えます。

③ ②にぎんなんと芽ひじき、いわし節、塩を加え、よく混ぜあわせて飛竜頭の形をつくります。

④ ③を油で揚げます。

冬

甘さと滋養をたっぷりたくわえた食材と、体をしんから温めて幸せにしてくれるおかず

根菜の炒め煮

根菜は大地のエネルギーを根にしっかりたくわえています。皮の近くにうま味が凝縮していますので、丸ごといただきましょう。

材料

ごぼう 1/2本 斜め薄切り／**にんじん 1/3本** 斜め薄切り

れんこん 1/4本 いちょう切り／**しょうが 1/2個** 千切り

車ふ 2個 水でもどして6〜8等分に切る

ごま油 大さじ3／みりん 大さじ2／醤油 大さじ3強

水 1/2カップ／白ごま 大さじ2

つくり方

①鍋を熱してごま油をひき、車ふを焼いて皿に取り出しておきます。

②もう一度鍋にごま油を入れ、ごぼうをまず炒め、いい香りがしてきたら、にんじん、れんこん、しょうがも加え、さらに炒めます。

③①の車ふを鍋にもどし、みりんと醤油、水を入れてふたをし、味がしみるように蒸し煮します。ごまをふりかけてできあがりです。

ひじき入り油揚げ焼き

滋養あふれる和の素材がつまった油揚げをカリッと焼いて、ジュージューいう音とともにいただきます。

材料

油揚げ 3枚 半分にして袋を開き、熱湯で油を抜く
芽ひじき 10g 水でもどし、さっとゆがく
にんじん 1/3本 千切り
納豆 50g
ねぎ 1/2本 小口切り
しょうが 少々 すりおろす

つくり方

①にんじんは塩をひとつまみ入れた湯でさっとゆでます。
②ひじき、にんじん、ねぎと納豆を混ぜあわせ、油揚げの中につめてようじでとめ、オーブンでこんがり焼きます。
③しょうが醤油でいただきます。

ポイント

●ひじきの煮ものや切り干し大根の煮ものを入れてもおいしいものです。

小松菜と厚揚げの煮もの

緑黄色野菜は油といっしょに摂ると吸収がたいへんよくなります。おいしいと思う組合わせは栄養学的にもすぐれています。

材料

小松菜 1束 熱湯をくぐらせ、水分をしぼって3㎝に切る
厚揚げ 1枚 熱湯で油を抜き、8等分
しめじ 1パック
しょうが 1/2個 千切り
薄口醤油 大さじ2強

つくり方

①鍋に水少々と薄口醤油を入れ、しょうがとしめじと厚揚げを入れ、落としぶたをして煮ます。
②厚揚げに少し味がしみたら、小松菜を入れて味を含ませてできあがりです。

豆腐ときのこのステーキ

きのことにんにくの香りがしみた、おしゃれな一品です。味の組合わせ、色どりをいろいろ考えて工夫してみましょう。

材料

木綿豆腐　1と½丁　重石をし、水分を取る
きのこ（生しいたけ、しめじ、えのき、まいたけ、エリンギなど）**適宜**
しょうが　½個　みじん切り
醤油漬けにんにく　2かけ　みじん切り
醤油　適宜／ごま油　適宜
薬味（大根おろし、ねぎ、貝割れ大根）**適宜**

つくり方

①鍋を熱してごま油をひき、豆腐を両面焼いて、お皿に取り出します。
②もう一度ごま油を入れ、しょうがとにんにくを入れ、きのこも入れて炒めます。
③醤油を加え、きのこからの水が出たら、①の豆腐をもどして味を含ませます。
④大根おろし、小口切りねぎを③に加えてかるく火を通してから、皿に盛って貝割れ大根を添えます。

ひと口メモ

手早くだしを取る方法

私は、だしには昆布と干ししいたけ、いわし節をフル活用しています。

昆布は、はさみで細い千切りにしておきます。細いのですぐやわらかくなり、煮ものといっしょに食べられます。

干ししいたけはスライスしてあるものを買って使います。表面積が広いので、あっという間にもどります。

いわし節はミネラルが豊富で、とてもおいしいので、そのままふりかけて食べます。

また、自然の素材だけがはいっている紙パックのだしの素を使えば、水から材料とともに煮てだしが取れるので、忙しいときに便利です。

ようじでとめる

板ふで材料を巻く

きのこの土手鍋

味噌の香りが、きのこと板ふの風味と溶けあい、食卓が華やぎます。

材料

きのこ 2～3種類（しめじ、えのき、まいたけ、生しいたけ、エリンギ、なめこなど）**適量**／**板ふ**（庄内ふ）**5枚** ぬるま湯でもどす

春菊 1束、**せり 1束** ひとつまみの塩を入れた湯でゆで、ざるに取ってそのまま冷ます

しらたき 1袋 ゆでてあくを抜き、食べやすく切る

ねぎ 2本 斜め切り／**大根 ⅓本** おろす／**昆布 5㎝×10㎝**

土手用味噌A（八丁味噌、白味噌 各80g／みりん、酒 各30cc）

つくり方

① 板ふを1枚ずつ広げ、水分をきった春菊とせりを巻いて4～5か所ようじでとめ、その数だけ切っておきます。

② Aを混ぜあわせ、土鍋のふちに土手を築くように塗ります。

③ ②にだし汁を加え、昆布を敷き、その上にしらたき、①、ねぎ、きのこを並べて火にかけます。

④ 大根おろしを薬味にして、少しずつ土手をくずしながらいただきます。

けんちん汁

味噌味の汁に根菜の成分が溶け出し、体をほかほかにして活力を与えてくれます。

材料

ごぼう 1/3本 ささがき
にんじん 1/3本 いちょう切り
大根 1/4本 いちょう切り
しめじ 1/2パック
こんにゃく 1/2枚 熱湯でゆでてあくを抜き、短冊切り
油揚げ 1/2枚 熱湯でゆでて油を抜き、短冊切り
木綿豆腐 1/2丁 さいの目切り
ねぎ 1本 小口切り
味噌、だし汁 適宜／ごま油 少々

つくり方

①ごぼうをごま油で炒め、次ににんじん、大根、こんにゃくを炒めます。
②①にだし汁を加え、しめじと油揚げを加えて煮込みます。
③やわらかくなったら、豆腐を加えて味噌で味をととのえ、ねぎを散らして火を止めます。

ごぼうのくるみ和え

醤油味のごぼうをくるみとすりごまでお化粧します。ごぼうの見栄えと味が深まります。

材料

ごぼう 1本 斜め薄切り
酢 大さじ1弱／みりん、醤油 各大さじ2
ごま油 大さじ1／すりくるみ、すり白ごま 適宜

つくり方

①ごぼうをごま油で炒めてから、酢、みりん、醤油、水少々を加え、やわらかくなるまで煮ます。
②やわらかくなったら、煮汁がほとんどなくなるように火を強めて炒りつけ、くるみとごまをからめます。

かぶのスープ煮

こってりとしたとろみがかぶと豆乳を引き立てます。雪の季節に似合う白いスープです。

材料

かぶ　5個　6〜8つ切り
玉ねぎ2個　千切り
生しいたけ3枚　6つ切り
レンズ豆　大さじ2
もちきび　大さじ2
昆布　5㎝×10㎝　はさみで細切り
豆乳　200cc
塩、こしょう　適宜
オリーブオイル　大さじ2

つくり方

①玉ねぎをオリーブオイルで透明になるまで炒めます。
②少々の水を入れ、昆布とレンズ豆ともちきびを加え、コトコト煮ます。
③かぶとしいたけを加えます。
④材料がやわらかくなったら豆乳を加え、こげつかないように注意しながら煮て、塩、こしょうで味つけしてできあがりです。

浸し大豆の味噌炒め

玄米にあう豆のおかずです。炒った大豆でもよいですが、浸した大豆を使えば短時間でつくることができます。

材料

大豆　1カップ
一晩水に浸してもどす
ごま油　大さじ2
みりん　大さじ2
味噌　大さじ3強
白ごま　大さじ3

つくり方

①大豆の水をきり、ごま油で炒めます。
②①にみりんを入れて弱火で煮込み、最後に味噌とごまを入れてからめます。

山いもの味わい焼き

山いもは消化を助けスタミナを増強し血行をよくします。

材料

山いも（大和いも、つくねいもでも可）**1本**　1/3は千切り、2/3はすりおろす
れんこん　1/2本　粗切り
にんじん　20g　細い千切り
生しいたけ　3枚　細い千切り
いわし節　ひとつかみ
味噌　大さじ2
小麦（全粒粉）**適宜**
オリーブオイル　適宜
青のり粉　適宜

つくり方

① れんこんはポリ袋に入れ、すりこぎなどでたたいて粉々にします（不ぞろいでよい）。
② ①に山いも全部、にんじん、しいたけ、いわし節、味噌を加えて混ぜあわせ、小判型に成型して小麦粉をつけます。
③ オリーブオイルで②の両面を焼き上げ、青のり粉をかけていただきます。

昆布と季節の野菜漬け

昆布のだしがきいたおいしい漬けものです。冬はサラダより漬けものがあいます。

材料

昆布（5cm×10cm）**3枚**　はさみで食べやすく切る
にんじん　1/2本　薄切り／**セロリ　1本**　薄切り
かぶ　3個　薄切り／**キャベツ　2枚**　ざく切り
大根　1/5本　薄切り／**水菜　1束**　ざく切り
漬け汁（みりん　カップ1／酢　カップ1/2／醤油　カップ1）

つくり方

① 昆布と漬け汁を鍋に入れて煮ます。
② 昆布がやわらかくなったら火を止め、冷まします。
③ にんじん、セロリ、大根、かぶ、キャベツ、水菜を②の汁に漬けます。
④ ③をビニール袋に入れ、空気を追い出して口をしばり、半日ほどねかせて味をしみ込ませます。

おでん

じっくり煮込んだおでんは素材から出るうま味がお互いの中に溶け込んで、温かくほっとするひと時を味わわせてくれます。

材料

大根 1/4本 ひと口大に切る／**じゃがいも 2個** ひと口大に切る
にんじん 1/2本 ひと口大に切る
冷凍した豆腐 1/2丁 解凍して8つ切り
がんもどき 4個 熱湯で油を抜く
厚揚げ 1/2丁 熱湯で油を抜き、半分に三角切り
こんにゃく 1/2枚 熱湯であくを抜き、薄切り
袋　油揚げ 3枚 半分に切って袋を開き、熱湯であくを抜く
　玄米ごはん 茶碗2杯／納豆 1パック／しょうが 1/2個 千切り
昆布（5㎝×10㎝）**2枚** 水でもどし、食べやすい大きさに切る
干ししいたけ 10g 水でもどし、食べやすい大きさに切る
みりん 50cc／薄口醤油 50cc／だし汁 800〜1000cc

つくり方

①昆布としいたけを両方のもどし汁ごと鍋に入れ、だし汁も加え、火にかけます。
②大根、にんじん、じゃがいもを①に入れ、さらに煮ます。
③袋をつくります。玄米ごはんを半殺しにつぶし、しょうがと納豆を加えて混ぜあわせ、油揚げにつめてようじでとめます。
④②にがんもどき、厚揚げ、こんにゃく、③の袋、豆腐を加えて、みりんと薄口醤油を入れ、コトコト煮込みます。

ポイント

●冷凍豆腐にはすがはいるので、味がしみやすく、形がくずれなくなります。

体にやさしいおやつと飲みもの

全粒粉とおからのクッキー

おばあちゃんの蒸しパン

リンゴの寒天ゼリー

そば粉のドーナッツ

いちごの豆乳セーキ▶

玄米茶
右から、こんがり玄米茶、まっ黒玄米茶◀

玄米甘酒▶

ハーブティー
右から、しょうが、ミント、レモンバーム◀

野草茶
右から、すぎな、よもぎ、どくだみ◀

私たちは、ほっとしたいときに、心を満たしてくれる甘味とのどをうるおす飲みものを欲します。おやつはおばあちゃんがつくってくれたものから現代風なものまで、体にやさしく、おいしくて簡単にできるものを、楽しみながら手づくりしましょう。また、いつもの日本茶、紅茶、コーヒー以外の、体に元気ややすらぎを与えてくれるいろいろな飲みものを試してみましょう。

おやつ

◆おばあちゃんの蒸しパン

材料

小麦粉（全粒粉）**200g／重そう**（粒子の細かいもの）**3・5g／水270cc／黒砂糖**（粉末）**35g／干しぶどう20g／くるみ20g** 小さく切る／**ごま 大さじ1**

つくり方

①ボールに材料全部を入れて、よく混ぜあわせます。

②蒸し器にクッキングシートを敷き、①を流し入れて蒸します。

③蒸気がしっかり出るようになってから約20分間蒸し、竹串を刺しても何もついてこなければできあがりです。

●素朴な味わいの蒸しパンです。つくろうときめれば、あっという間にできあがります。子どもたちといっしょに楽しみましょう。

◆全粒粉とおからのクッキー

材料

小麦粉（全粒粉）**100g／そば粉50g／おから50g／干しぶどう 大さじ2／アーモンド 大さじ1** 細かく切る／**ごま 大さじ1／オリーブオイル 大さじ2／メープルシロップ 大さじ2／塩 少々／水½カップ**

つくり方

①ボールに材料全部を入れてよく混ぜます。おからの水分の状態によって水の量をかげんしてください。

②30分ほどねかせてからクッキーの形をつくり、フライパンかオーブンで焼きあげます。こげやすいので、少し低めの170℃で15～20分間焼きます。

●卵や牛乳、砂糖なしでおいしいクッキーができます。どんな形にしようかと、子どもたちの眼が生き生きと輝きます。つくるときと食べるときと、二度楽しめます。

◆そば粉のドーナッツ

材料

そば粉200g／重そう3g／黒砂糖40～50g（子ども向けには少し甘めに）**／ごま 大さじ1／水 適宜／豆乳 大さじ2**

つくり方

①材料全部をボールに入れて混ぜあわせ、水の量をかげんしながら耳たぶくらいのやわらかさにします。

②30分ほどねかせてから、おだんごの形にします。
③鍋に油を熱して、②をカラッと揚げます。
●香ばしいおやつです。そば粉はアミノ酸に富み血圧を安定させるので、いろいろ活用しましょう。そば粉はねばるので、手を水でぬらしながら丸めます。

◆りんごの寒天ゼリー

材料

りんご 1個 いちょう切り／**ぶどうジュース 500cc**／**粉寒天 4g**

つくり方

①りんごは厚手の鍋でふたをして弱火で蒸し煮にします（フレッシュな感じを残します）。
②ぶどうジュースに粉寒天を溶かし、弱火にしてかき混ぜながら沸騰するまで煮ます。
③沸騰したら火を止め、りんごを加えて混ぜあわせ、容器に移して冷やし固めます。
●りんごの季節になると、このゼリーの出番です。丸ごとかじっても、手を加えてスウィートをつくっても、りんごのおいしさは格別です。ポリフェノールやペクチンを豊富に含み、体にやさしく働きかけます。

◆いちごの豆乳セーキ

材料

いちご 1パック へたを取る／**豆乳 300cc**／**甘酒**（はちみつでも可）**適宜**

つくり方

①いちごは厚手の鍋に入れ、弱火にして中までしっかり火が通っていい香りがするまで蒸し煮にします。
②別の鍋に豆乳と甘酒を入れて温めます。
③②を器に入れ、いちごを浮かべます。
●赤い宝石のようないちごを畑のミルクの中に浮かべました。ミルクセーキを思わせる、なつかしい味わいです。

◆玄米甘酒

材料

玄米 1・5カップ（あわ、きびなどの雑穀も可）／**玄米こうじ**（ふつうの米こうじでも可）**1カップ**

つくり方

①玄米は、いつもの倍くらいの水かげんにして12時間浸し、炊き上げます。
②少し冷まして50℃くらいになったら、こうじを混ぜあわせます。
③40〜50℃で半日ほど発酵させます。途中何度かかき混ぜます。甘味が出てドロドロの状態になったらできあがりです。
●甘酒はとても簡単にできる発酵食品のおやつです。心も体もほかほかに温めて満足させてくれます。あわやきびでつくる甘酒は黄色がとてもきれいで、おしゃれなデザートになります。

飲みもの

■ハーブティー

いれたときにただよう香りが心を癒してくれます。しょうがをはじめ、しそなども和風ハーブです。

◆しょうがのハーブティー

しょうが1個を薄くスライスして鍋に入れ、水を加えて火にかけ、しっかりと成分を煮出してからいただきます。

●しょうがのお茶は体がとても温まります。しょうがだけだと辛い人は、りんごのスライスをいっしょに入れて煮出してください。アップルジンジャーのお茶になります。

◆ミントなどのハーブティー

ティーポットに、ミントやレモンバームなどお気に入りの香りの葉を数枚入れて、ただお湯を注ぐだけです。香りが逃げないようにふたをして、3～5分蒸らします。色が出たらティーカップに移します。

■野草茶

漢方薬とともに飲まれてきた、野草のたくましいエネルギーをいただきましょう。

◆すぎな茶

生の葉でも乾燥した葉でもよく、葉をひとつかみ急須に入れて熱湯を注ぎ、5～6分してから飲みます。煎じるときは5～10分間煮立てます。あまり長く煎じないようにします。

●驚くほどの繁殖力をもつすぎなには、ほうれんそうと比較してカルシウム100倍、カリウム5倍、マグネシウム3倍、鉄15倍ものミネラルがバランスよく含まれているので、私たちの弱った体にエネルギーを与え、自然治癒力を高めてくれます。利尿効果が高く、腎臓や膀胱の病気によく用いられます。

体が温まるしょうがのハーブティー

◆どくだみ茶

乾燥した葉茎20gを煎じて飲みます。野草を煎じるとき金属を使うと成分が変化する場合があるので、土鍋かホーロー鍋を用います。煎じるコツは、吹きこぼれないようにして、気長に半量になるまで煮つめることです。また、揮発性成分があるので、ふたをして煮つめてください。

●強烈なにおいのどくだみは、十薬と呼ばれすぐれた薬効があります。高血圧、便秘、利尿に効果があります。

◆よもぎ茶

生の葉盃1杯分を青汁で用いたり、乾燥した葉を気軽にお茶として飲んだり、完全に乾燥した葉15gを煎じて飲んだりと、いろいろな方法で活用できます。

●もぐさの原料にも使われているよもぎは、ミネラルやビタミンも多く、血液浄化、整腸、健胃、貧血、神経痛、リウマチに効果があります。

■玄米茶

◆こんがり玄米茶

厚手の鍋かフライパンで、30分以上じっくりときつね色になるまで炒ります。それをふつうのお茶のように急須でいれるか、鍋で少し煮出してから飲みます。

◆まっ黒玄米茶・玄米コーヒー

こんがり玄米茶をさらに1～2時間かけて炒り続け、まっ黒になるまでこがします。それを急須でいれるか、鍋で煮出してから飲みます。さらに、電動ミルで粉にして、コーヒーのように湯を注いで丸ごと飲むこともできます。

●玄米をじっくり加熱すると、生命力をもつ玄米がさらにエネルギーを増します。それをお茶にすると香ばしい健康茶になり、弱った体に元気を与えてくれます。まっ黒になるまで炒りつけた玄米茶はさらに薬効が増すので、体力が落ちたときや食欲がないときにおすすめの飲みものです。

■気功水

お気に入りのカップに常温の水を注ぎます。これを両手にしっかりと包み、心を集中して、感謝の心とともに水に気を送ります。すると、何もしない最初の水と比べて、明らかに味が変化するのがわかります。

●何年か前に、水の結晶を写真にした本が出版され、そのメッセージに驚かされました。水に「ありがとう」ということばを見せたときと、「ばかやろう」ということばを見せたときとは、明らかに水の結晶が変化するのです。私たちの体は70%近くが水でできています。感謝を込めた水を飲むことが、体にとてもやさしい行為となります。心がおだやかで愛に満ちているときは、体の水もきれいな結晶になります。体の中の水が汚れたときは、病気になります。お料理も心を込めてつくりましょう。水がきれいな結晶になり、みんなを幸せにしてくれます。

玄米植物食のすすめ
——簡単、おいしい、健康食卓づくり

玄米植物食は完全栄養食
——四つの柱

1　主食は生命力あふれる玄米

動物は体内で栄養素をつくることができず、植物が光合成によってつくり出したでんぷんやたんぱく質、脂肪、ビタミン、ファイトケミカル（植物性生理活性物質）、また土から吸収したミネラル、そして空気中に排出した酸素をもらって成長しています。植物は動物のように動き回ることができないため、体内に抗酸化物質をたくさんつくり出して、照りつける紫外線によってつくられる活性酸素の害から自分の体を守っています。

なかでも高温多湿の日本の夏に成長する米は、抗酸化物質をはじめ豊かな栄養素をたくわえて育ち、冬草の代表である小麦より食品機能性がすぐれた付加価値の高い穀物となります。そのため、米はパンに比べて

余分な脂肪の吸収を抑えたり、持久力を増したりする力にすぐれています。

玄米はビタミン、ミネラル、ファイトケミカルを豊富に含んでおり、生命力にあふれています。また、フィチン酸やヘミセルロースの働きによって、農薬や食品添加物、有害重金属などを丸ごとかかえこんで大便といっしょに排泄する能力にもすぐれています。長年玄米食を続けている人に透き通るようなきれいな肌をしている人が多いことは、よく知られています。玄米が排泄能力にすぐれ、体を内側からおそうじしてくれるからです。

玄米は非常に腹もちがよくなかなかお腹がすかないので、玄米食で一日二食、あるいは一日一食で元気に過ごしている人もいます。また、血糖値をゆっくり上げて膵臓に負担をかけないので、玄米食を実行しているうちに糖尿病と縁が切れた、という人もたくさんいます。

玄米はよくかんで食べましょう。玄米はかたい表皮に包まれているので、よくかまないと豊富に含まれた栄養素が消化吸収されにくいのです。またかむことにより、脳の血流も増え、脳が活性化します。

2　副食は野菜、きのこ、豆、海藻、ごま、少しの油

主食がこれだけ力のある玄米なので、一般にいわれている一日三〇品目のおかずは不要です。玄米にもわずかに不足するものがありますので、それを野菜、きのこ、豆（豆のなかでもとくに大豆は、たんぱく質を三〇％も含むすぐれものです。小豆、そら豆などには一〇％しか含まれていません）、海藻、ごま、少しの油で補えば、すばらしい栄養バランスのとれた食事になります。これが玄米植物食です。

玄米植物食は体にやさしく、健康な肉体とやさしさをもった人間をつくり出し、経済的にもすぐれています。

3　玄米ごはんと常備菜が基本の食事

玄米植物食の効果をさらに引き出すのは、昔から食べられてきた常備菜の数々です。常備菜は体を温めてくれます。体が温まれば血液の循環がよくなり末端の

毛細血管まで酸素と栄養が運ばれ、いらなくなった老廃物が運び出されるため、体を修復したり免疫を高めたりする機能がしっかり働きます。

常備菜は根菜類、乾物、豆などからできていて、先人たちの経験と勘によって培われてきた知恵がいっぱいつまっています。たとえば、ごぼうに含まれるオリゴ糖は腸内の善玉菌を増やして腸をととのえたり、昆布や海藻に含まれるフコイダンはガンの増殖を防いだりします。

また、常備菜にはしょうががたくさん使われています。しょうがに含まれる辛味、香り成分のジンゲロール、ショウガオール、ジンゲロン、シネオールなどは、体を温めたり冷やしたりして上手に体温のバランスをとる働きをします。さらに、健胃消化、殺菌作用、血圧降下作用もあわせもつという偉大な力があります。

科学技術や栄養学、分析学が発達した現代では、和食に秘められたすばらしい知恵がはっきりと証明されるようになりました。

常備菜はしっかり味つけをするため、冷めてもおいしくいただけますし、数日は日もちします。とっかえひっかえ世界中の多種多様の料理を食するよりも、栄養バランスのとれた同じような内容のものを食べ続けるほうが、私たちの腸内細菌叢は安定しととのいます。その点でも先人の知恵が証明されます。

玄米ごはんと常備菜を基本の食事として実行していただくと、心身が健康になるだけでなく、料理をすることが苦にならず、時間も節約できるなど、より多くの効果が得られます。女性が外で働く機会が増え、夜の時間まで仕事がくい込んでしまうことが多い昨今の生活パターンでは、自分でそのつど料理することがむずかしくなってきています。このようなときに玄米ごはんと常備菜が用意できていれば、家に帰ってから簡単な和えものや味噌汁を手づくりするだけで完璧な食卓がととのいます。

常備菜はお休みの日や時間のあるときにつくりおきしましょう。同時に玄米ごはんを炊いたり、ゆで大豆をたくさんつくったりして冷凍保存しておくと、忙しいときには重宝します。

根菜類やお日様のパワーたっぷりの乾物でつくった常備菜は、私たちの体を守り元気をくれます。常備菜を毎日の食卓にのせましょう。

4　食卓をうるおす季節の料理

基本食「玄米ごはん＋常備菜」にその季節にとれる食材をシンプルに料理して食卓にのせれば、玄米植物食の食卓は完璧です。季節の移ろいとともに私たち自身の体調や体質も変化していきます。その季節にとれる食材は変化する私たちの体を支え、次に向かっていく力を与えてくれます。

春――生命を花開かせた野菜や野草

春は閉じこもっていたエネルギーが天をめざして上へ上へと昇っていく季節です。木々の芽生え、草花の生育のころ、私たちの体も動き出します。冬の間は土の中でじっと寒さに耐え、春になって生命を花開かせた野菜や野草を食することで私たちの生命力も輝いていきます。

夏――ほてりを静め、暑さをのりきる果物や野菜

夏は光にあふれた季節です。エネルギーに満ち満ちています。こういう季節には少し体のほてりを静め、心を落ち着かせゆるめる作用のある食物が適します。しかし、体が冷えるものばかりを摂りすぎても、このパワーのある季節はのりきることができません。エネルギーを秘めたものも摂る必要があります。

秋――熟しきった木の実や穀物

秋は実りの季節です。野に山に、しっかり熟しきってはちきれんばかりの重厚な木の実や穀物が実ります。この恵みを喜びと感謝をもっていただきます。この木の実や穀物が私たちの血となり肉となり、次にくる寒さの季節にも耐えられる体を自然につくりあげてくれます。

冬――寒さをのりきる滋養たっぷりの根菜類

冬はじっと耐える季節、そして次の変化への準備のときです。体を温め、次のステップへの足がかりをもう体の中でつくり始めるのです。厳しい寒さのなかで成長した野菜はより甘味を増し、力をみなぎらせて(おいしくなって)私たちを助けてくれます。白い雪や寒さにおおわれた冬は、また癒しの季節でもあります。滋養たっぷりの大地の恵みを静かに味わえる季節です。

玄米植物食を長く続ける秘訣

――玄米をおいしく炊く六つのコツ

おいしく炊けた玄米ごはんは生命力にあふれているので、ほとんどの人はおいしいと感じますが、苦手という人もいるでしょう。そういう人は体によいからと無理をして食べても、なかなか身につきません。なぜ玄米をおいしく感じないのか、その原因をつきとめましょう。胃腸の消化能力が落ちている、歯がわるくてかめない、あるいは玄米はかたくてまずいという固定観念など、原因をしっかりつきとめてそこを治すことが大切です。

また、断食をして空腹感をしっかり味わい味覚を正常にもどしてから玄米を食べると、そのおいしさに気づくことができます。

玄米しか食べられないと決めつけてしまうと苦しいばかりです。日ごろしっかり基礎ができていれば、たまにはめをはずしても大丈夫です。また、はめをはずしてみると、玄米植物食のほんもののおいしさがわかって玄米が食べたくなります。誕生日や記念日などに、たまには好きなものを食べて自由に食生活を楽しみましょう。

ただし、病気の回復のために玄米植物食に取り組む人は徹底してやることをおすすめします。必ず免疫があがり自然治癒力が高まって、本来の体調をとりもどすことができます。

玄米は炊き方によって味わいがまったくちがってきます。ふっくらとおいしく炊けた玄米ごはんは、ひと口食べるたびにそのおいしさで体が元気になります。逆に、おいしく炊けなかったときは、まずくてもう絶対に食べたくないと思ってしまいます。

ですから、玄米植物食に挑戦しようと思う人は、まず玄米をおいしく炊くコツをつかんでください。そうすれば豊かな玄米植物食の世界が広がってきます。

1　十分に水に浸して玄米を目覚めさせてから炊く

玄米は浅黒くかたい表皮に覆われていて胚芽の部分

はへこんでいます。生命はあるもののまだ眠っている状態です。この玄米をいったん水につけるとようすが変わってきます。玄米は水分を吸収すると発芽のスイッチがはいり、次の世代の生命を生み出そうと小さな体の中でいろいろな活動を起こします。

玄米は水を吸うと胚芽がふっくら盛りあがり色白になってきます。このときが玄米の食べごろです。食べごろは季節にもよりますが、一般的に水につけてから一二時間前後がおすすめです。あとは生活スタイルと鍋の種類で決めてください。私は電気炊飯器で炊いていますが、朝炊くときは夜に、夜炊くときは朝出かける前に洗って水に浸しておきます。水に何時間浸さなければならないという決まりはなく、ただ毎日の流れのなかで自由に行ないます。これが長く続ける秘訣です。

水を吸った玄米はやがて発芽します。この発芽玄米にはアミノ酸の一種であるギャバ（γ-アミノ酪酸）がたくさん含まれています。このギャバは免疫を非常に高めてくれます。また、血圧降下作用、いらいら、めまい、のぼせなどの更年期の症状を緩和する作用、頭や神経の働きをゆったりさせて疲れをとる作用などもあります。

だからといって芽をたくさん出せば出すほどよいのかというと、「過ぎたるは及ばざるがごとし」のとおりです。発芽には玄米中のエネルギーがかなり使われることになります。芽を出させすぎるとその分の栄養が消費されてしまいます。玄米中の眠っていた酵素が活性化し、成長するための準備がととのったころ、つまり水につけてから一二時間前後が食べごろです。夏季は一〇～八時間くらいです。

2 小豆、黒豆などを混ぜて炊く

玄米のたんぱく質は穀類のなかでアミノ酸のバランスがたいへんよく、豆、とくに大豆をプラスするとそのバランスはほぼ満点になります。人間の舌はバランスのよいもの、栄養が十分あるものをおいしいと感じます。昆布だけのだしよりもけずり節といっしょにとっただしのほうが、また、夏のほうれん草よりも旬である冬のほうれん草のほうがおいしいと感じるのはそのためです。

このことから、玄米を炊くときに豆をいっしょに炊き込むと、とてもおいしいごはんになります。和食では豆をつい甘く煮てしまいますが、砂糖でアミノ酸が壊れます。玄米と炊いた豆を味わってみると、そのままでもとても甘くておいしいのにびっくりします。小豆、黒豆、大豆、青豆など、持ち味がさまざまですので、いろいろなメニューを工夫して楽しめます。

有機栽培した黒豆は、お赤飯のように豆を主役にして豆自体のおいしさを味わいます。大豆は自己主張しないので、ひじきやきのこなど他のものといっしょに混ぜ込むのがよいでしょう。豆料理は手間がかかりますが、玄米といっしょに炊き込むのはとても簡単なことです。日本人にとってたんぱく質の大事な供給源である豆と仲よくしましょう。

3　雑穀をプラスして炊く

玄米植物食をさらにおいしくし長続きさせるには、他の雑穀を少し混ぜ込んでみることです。雑穀にはビタミンB群やたんぱく質、ミネラルが豊富に含まれています。また、機能性成分としてフラボノイドやポリフェノールなどの抗酸化物質も含まれています。雑穀は低温の夏や、やせた土地でもしっかり実り、飢饉のときは私たちの命をつないできてくれました。それほどすばらしい生命力を秘めています。

このような力のある雑穀をプラスすることにより、玄米がパワーアップされておいしくなるのです。雑穀は黒米、赤米などの古代米をはじめ、あわ、ひえ、きび、大麦、はとむぎ、アマランサス、キヌアなどバラエティーに富んでいますので、いろいろな味わいが楽しめます。

玄米といっしょに黒米、赤米、もちきび、もちあわを炊くと、玄米ごはんはねばりが出て、もちっとした味わいになります。大麦やひえ、アマランサスといっしょに炊くと、パラパラの食感が強まり、おすしやカレーライス向きのごはんになります。

雑穀を数種類常備しておいて日替わりメニューを楽しみましょう。栄養面でもパワーを増し、味わいもいろいろ変化して、毎日の食卓がにぎやかになります。

4　発芽率の高い玄米をよい水で炊く

玄米は栄養価が高いうえに生命があるからすばらし

いのです。ところが、近ごろでは生命のない玄米が増えてきています。発芽試験をしてみると生命があるかないかよくわかります。一週間から二週間、水をときどき替えながら発芽のようすを観察してみましょう。発芽後もしっかり芽が伸び続けて元気なもの、いったん芽を出すもののそれ以上伸びないもの、芽も出さずやがて腐ってカビが生えるもの、の三種類に分かれます。食べてみておいしいと思うのは、しっかり芽が伸び続けるものです。こういう玄米は生命力が強く、高い発芽率を示します。発芽率八〇％以上のものを選びましょう。

なぜ玄米から生命が失なわれたのでしょうか。米づくりにいちばん問題があるようです。昔は田植えから稲刈りまですべて手作業でした。今は機械化が進み、稲束やもみの天日干しも機械乾燥になりました。また、日本は国土が狭く米づくりに適した土地が少ないので、農薬と化学肥料の力を借りてめいっぱい収穫量をあげる農業をめざしてきました。これらもろもろの要因でせっかくの玄米の生命が失われています。

しかし今、日本の各地でおいしくて安全な食べものを栽培しようと有機無農薬栽培に取り組む人が増えています。きっと生命力にあふれた玄米が育つはずです。こういう人を応援して日本にほんものの農業を広めましょう。

生命のある玄米と同時に大切なのは生命を育むことのできる水です。日本は昔からすばらしい水に恵まれた国でしたが、今では水もお金を出して買う時代となりました。私たちの体は七〇％近くが水でできています。健康で過ごすためにはどんな水を取り入れるかがとても重要です。

大地に降った雨は地下に浸透し、砂地や粘土質の層やかたい岩盤もどんどん通過して、しだいに浄化されていき地球のもつ新鮮なピュアな（まっさらな）情報を吸収してキラキラ輝いてきます。そして、何十年もかかってようやく湧き水として地上に姿を見せるのです。これが私たちの生命を支えてくれる大切な水だったのです。

眠っている玄米を目覚めさせる水のよしあしで、玄米ごはんのおいしさが決まります。水道水ではなく、生命を育むことのできる水を使ってください。

5　自然塩と炭を入れて炊く

さらに、自然塩と備長炭を入れて炊くと、玄米ごはんはおいしくなります。塩を入れることで玄米のうまさが引き出されるうえに、パワーが強まり、新陳代謝を活発にし、免疫力を高めるといわれます。また、玄米を水に浸しておくとき水の変質を遅らせてくれます。

炭は最近人気が出てきて、いろいろなところで活躍しています。備長炭を玄米といっしょに炊き込むと、においや農薬、保存料などの吸着作用が期待できます。また、エネルギーを高める効果もあります。近ごろでは炭を入れたあめも売られていますが、これは口からはいり込んでくるいろいろな添加物を炭の中に吸着させ、体の外に排泄してしまおうというものです。

6　心を込めて炊く

先日、豆から挽いた本格的なコーヒーをいれている最中に、ちょっとしたことで怒ってしまいました。できあがったコーヒーを飲んだ娘が「いつもと味がちがう」というのです。私も飲んでみると、すごい怒りのエネルギーを舌に感じたのにはほんとうに驚きました。

私たち一人ひとりから発している気は大きな影響力をもっています。料理教室で同じ料理をつくっているのに、テーブルごとに微妙に料理の味がちがうのです。おにぎりも、にぎる人それぞれに味わいがちがいます。これが家庭の味というものでしょう。心を込めてつくることが、おいしい料理をつくるいちばんの秘訣のようです。

食べるということは食材の生命をいただくことです。料理は食材の生命を生かし、食べる私たちの生命も輝くように感謝を込めてつくりましょう。こうしてできた料理はひと口食べただけでおいしさが体中に広がり、私たちを元気にしてくれます。

昔、私たちが子どものころ、暗くなるまで夢中で遊んでいても「ごはんだよ」の一声にすぐに家に帰りました。あのころは貧しくとも愛のこもった食卓が私たちを待っていました。そういう食卓をもう一度とりもどし、豊かな心が育つ暮らしをしたいものです。

玄米植物食料理四つの基本

1　料理は生き方そのもの

明治に生きた人の料理の仕方と現代に生きる人の料理の仕方には大きなちがいがあります。そのひとつに、材料を○○グラム、○○ｃｃと量をはからなければ料理ができなくなってしまったことがあります。現代型栄養学によって、何ごとも数字にあてはめて考えるくせがしっかり身についてしまっています。

子育て相談室に「赤ちゃんのお風呂は何度のお湯がちょうどよいのでしょうか」と尋ねる母親がいました。明治のころの人がこんなことをだれかに聞くとは思えません。さっと手を湯の中に入れてみて、自分の感覚で熱いかぬるいか判断するでしょう。

野生動物は自分の生命を守るために、もともとそなわっている感性をフルに使って危険を回避しています。地震が起こることさえ事前にキャッチしてしまうのです。二〇〇四年十二月二十六日に起きたインド洋沿岸の津波のときも、タイ南部のリゾート地カオラックで八頭の象が激しい叫び声をあげて丘へ疾走したため、多くの観光客もあわてて避難し難をのがれたそうです。こういう感性が、じつは私たち人間にもそなわっているのです。ところが、せっかくの宝物も磨かなければ輝きません。感性を磨くコツが日ごろの料理のなかにたくさんあるのです。これを生かさないのはもったいないことです。

それは買いものに行くところから始まります。その日の献立はなるべく決めないで出かけます。お店に着いて野菜と対面してから直感で買うのです。野生動物はその日に不足している栄養素を補給するものを食べます。私たちも店頭でなんとなく目について食べたいと思うものを買うようにします。そのとき献立も自然に思いつきます。

自分の感性に素直に従うと、季節にあう、かつ自分の陰陽のバランスつまり現在の体調にあうものが手にはいるのです。そして、同じものを食べ、同じ屋根の下で暮らす家族の感性はだいたい似通っています。

料理をつくるときには分量をはからないで、塩の量も醤油の量も感覚にまかせます。自信のない人はかげんがわかるまでは何回か味見することです。水かげん、ゆでかげん、塩かげんの感性が料理のあらゆる場面でどんどん育っていきます。そのうち明治の時代を生きた人たちのように、漬けものをつくるのに大切な塩梅《あんばい》がわかるようになっていきます。そうなれば料理をつくることが苦にならず、生活のなかに根づいたものになり、毎日が生き生き輝いていきます。

夕方、外での活動を終え台所に立って玄米や野菜を手にすると、それまでの疲れが吹き飛んでしまっているのに気がつきます。食べることはそのくらい体と心を癒してくれるのです。精いっぱい楽しんで料理し感性豊かな人間に成長しましょう。

2　皮はむかない、あく抜きもしない
——生きた素材を丸ごといただく

生命のあるものは次の世代を育てる力をもっています。玄米は水につけておくとうす緑の芽が伸びてきます。台所にあるにんじんの頭からは葉が伸び、白い根も生えてきます。アスパラガスは水につけておくと茎が伸びていきます。

ところが、生命がなくなったものは動物や人間で明らかなようにどんどん変質して、腐敗していきます。玄米を傷つけ精米した分づき米や白米は、もう水につけても芽を出すことはありません。そして、生命をなくしたときから変質が始まります。白米の表面ではカビが猛烈な勢いで繁殖し、酸化がどんどん進みます。白米をしっかりとぐのはこれをきれいに洗い流すためです。白米を食べたい人はせめて家庭に精米機（二万円前後で市販されています）を用意し、食べる寸前に精米することをおすすめします。

他の食物についても同じです。加工品は人間が手を加えたとたんに変質する運命にあります。これを防ぐために防腐剤、保存料、抗酸化剤など、さまざまな添加物を大量に入れて商品としての価値を保つようにするのです。加工品を摂った分だけ体の中は化学物質で汚れていきます。私たちは一生の間にドラム缶二本分もの化学物質を摂るだろうと予測した研究結果もあります。加工品を摂る割合をできるだけ減らしましょう。

食べるということは生命のあるものをいただくとい

うのが基本です。料理する寸前まで生きていた素材の生命を丸ごと食べることが、素材がもつ生きる力を最大にいただける食べ方です。大根のはっ葉からしっぽの先までが大根の生命を育んでいるのです。皮もむかず、あく抜きもせず感謝して丸ごといただきましょう。

「いただきます」の意味

私たちは食事の前になにげなく「いただきます」といってからはしを手にします。この「いただきます」の裏に込められた意味がわかったときには、私ははっとしました。

私たちの生命は塩と水以外は生きているものの生命をちょうだいして保たれています。それで、「あなたの生命をいただきます」とことばに出してあいさつしてから食べるのです。食べるということのほんとうの意味がこのことばに込められています。

料理するときもそれを食べるときもこのことばの意味をしっかり胸に刻んでおけば、食べられるものも食べる自分も精いっぱい生かされるでしょう。日本人の心がこのことばのなかにもしっかりと宿っています。感謝を込めて「いただきます」といいましょう。

3　たんぱく質は豆類で

私たちの体を構成しているのはほとんどがたんぱく質です。それで、多くの人はたんぱく質を十分摂らないと丈夫な体がつくれない、と思い込んでいます。しかし、草食動物のきりんやしま馬、象などは、草しか食べていないのに筋肉が十分発達しています。私たちがたんぱく質をどれだけ摂るかということは、健康を維持するうえで非常に重要な要因となります。

食べたものはほとんどがエネルギーに変わるか、体を合成する材料となります。そして、エネルギーや合成で使われたあとは老廃物として体の外に捨てられます。でんぷんはクリーンな燃えかす（炭酸ガスと水）となって体を汚しませんが、たんぱく質は窒素を含んでいるので、捨てるのに腎臓や体にかなりの負担をかけます。私たちの体はこのいらなくなった窒素を尿や汗にして外に捨てています。一日くらい便秘してもなんとも思いませんが、尿が一日出ないと尿毒症になって命が危ないからすぐに病院にかけ込みます。このようにたんぱく質を多く摂りすぎると、体にたいへんな労力と危険を負わせてしまうのです。

たんぱく質は必須アミノ酸さえそろっていれば、体の中で合成することができます。必須アミノ酸は大豆と玄米にすべてそろっています。ですから、大豆と玄米を食べていれば、必要なたんぱく質はほとんど間に合ってしまうのです。

また、たんぱく質の性質も重要です。血液がサラサラしているかドロドロしているかは、映像にして実際に目で確かめることができます。それで見ると日本人の場合、肉を食べて一時間ほどたつと血液は一様にドロドロになります。人間よりも高い体温の動物の肉を欧米人の体温よりも低い日本人の体に入れるのですから、脂肪が固まるのは当然です。海の中で泳ぐ魚は体温が人間よりもずっと低いので、人間の体にはいっても固まりません。しかし、最近は海の中もかなり化学物質に汚染されていて、大きくて脂がのった魚には食物連鎖の影響で水銀などの蓄積が心配されます。

たんぱく質のなかでいちばんおすすめなのが豆類です。豆類にはレシチン、サポニン、イソフラボンなどのファイトケミカル（植物性生理活性物質）が多量に含まれています。これらの栄養素は抗酸化力にすぐれ、血液をサラサラにします。また、今注目の健脳食でもあり、女性ホルモン様の働きをして更年期の症状や環境ホルモンの影響を緩和するなど、さまざまな効果を発揮してくれます。豆はつい甘く煮てしまいますが、砂糖を使うとアミノ酸が壊れますので、玄米に炊き込むなどいろいろ工夫して摂りましょう。

4　昔ながらの調味料で味付け

今の日本は世界中の料理が集って、とても豊かな食の文化が広まっているように見受けられます。料理番組やおいしい店の特集が食に対する関心をどんどんあおり立てます。ほんとうにおいしい料理とはどんな料理なのでしょうか。もともと日本人の味覚はとても敏感で、細やかな味わいの差を感じとることができ、それが豊かな和食の文化をつくりあげてきました。

ほんもののおいしさとは素材そのもののうま味が口の中に広がり、それが体中に溶け込んで素材との一体感を味わえるものではないでしょうか。食べたあとにふっと力が湧いてきて心も豊かになっている、そんな食べものが私たちの生命の営みを精いっぱい手助けしてくれると思います。

玄米植物食を長年続けていると体がピュアになってきて、ごてごてした味つけよりも、素材そのものの味が生きているシンプルな料理をおいしいと感じるようになります。

化学調味料や油、砂糖に頼らずに素材そのもののおいしさを引き出すためには、大事なコツがあります。それは昔ながらのほんものの調味料を使うことです。

①海水をそのまま濃縮した天然の塩

ほとんどが海に覆われた水の惑星、地球はとても美しい星です。海は地球上の生命を育んできました。私たちも海とは切っても切れない縁があります。赤ちゃんは羊水という海に包まれて成長します。

海の中には地球上のすべての原素が溶け込んでいます。その海水をそのまま濃縮したのが天然の塩です。ですから、天然の塩は地球そのものの味わいです。

料理をするときの基本となるのはやはり塩味です。野菜のうま味を引き出したり、私たちの体のミネラルバランスをととのえたりするのは塩かげんです。塩梅するとは、ちょうどよい塩かげん、物事のちょうどよいかげんという深い意味のことばです。季節により、体質や労働の強弱により、野菜の種類により、塩梅はその都度変わります。天然の塩を使い、自分の感性をフルに発揮して、よい塩梅でおいしい料理をつくりましょう。

②発酵、熟成した味噌、醤油

日本の食文化に欠かせないものは味噌と醤油です。味噌と醤油は丸大豆と天然の塩を昔ながらの方法で発酵、熟成してつくったものを使います。発酵、熟成した味噌と醤油にはもともと大豆に含まれているサポニン、レシチン、イソフラボンなどのファイトケミカルのほかに新たな機能性成分が加わります。そのなかのひとつである褐色色素メラノイジンは抗酸化能力を高め、糖尿病予防効果（糖質の消化吸収を遅らせる、膵臓の機能を高める）、ガン予防効果、整腸作用、コレステロール・血圧降下作用など多くのすぐれた作用を発揮します。

発酵、熟成した味噌でつくった朝ごはんの一杯の味噌汁が体を温め、目覚めをよくし、腸の働きをととのえて一日を元気に過ごさせてくれるのです。

③丸ごとの脂肪と手しぼりの油

老化をはじめガンなどの病気の原因として活性酸素

が注目されていますが、なかでもフライや天ぷらなどの揚げものの植物油の酸化が問題になっています。脂肪は毎日新しく生まれてくる細胞の膜をつくったり、ホルモンの材料となったりしてとても重要な役割を果たしています。ごまや米ぬか、大豆などからしぼられ分離された油（精製加工して製品化された固体または液体の油脂）でなく、丸ごとのごまや玄米、大豆などで脂肪を摂ると酸化しにくくて安全です。

　また、油には「オメガ3系列」と「オメガ6系列」があり、両方をバランスよく摂ることが大切です。「オメガ3系列」の油はα-リノレン酸やEPA（エイコサペンタエン酸）、DHA（ドコサヘキサエン酸）などで、えごま油やしそ油、魚に多く含まれています。「オメガ6系列」の油はリノール酸やr-リノレン酸、アラキドン酸で、ほとんどの油に多量に含まれ、肉類や牛乳にもはいっています。「オメガ3系列」の油は現代ではなかなか摂りにくくなっています。

　最近の食生活ではリノール酸を多量に含む植物油を揚げものや炒めものなどに頻繁に使い、肉、牛乳をよく食べ、「オメガ3系列」の油を含む野菜や海藻の摂り方が少ないので、「オメガ6系列」の油が体にあふれてしまっています。これが高血圧や血栓、動脈硬化、アレルギーを増やす原因となっています。玄米植物食にして分離された油をなるべく減らすことによって、二種類の油のバランスをとりもどすことができます。

　料理に使う油には昔ながらの手しぼりのごま油やなたね油、エキストラバージンのオリーブオイルをおすすめします。ふつうの植物油やマーガリンは、製造過程で自然界には存在しない人間が消化しにくいトランス型脂肪酸を多量に含むため、なるべく避けたほうがよいでしょう。

油は光、温度、空気によってどんどん酸化していきますので、冷暗所で保存し、なるべく少量のものを買い早めに使いきりましょう。

④熟成発酵したみりん、黒砂糖、はちみつなど

現代のようにおいしさを追い求める食生活をすると、砂糖の消費量が急増します。料理に多く利用されている白砂糖は、精製しすぎてビタミンやミネラル、サイトケミカルはほとんど残っていません。とくに、エネルギー源であるぶとう糖が分解する過程で補酵素として働くビタミンB1がないと、かっけを引き起こすピルビン酸が増えてしまいます。白砂糖の摂りすぎで脳がかっけの状態（ボーッとして集中力がなかったり、突然キレたりする不安定な精神状態）になっている子どもたちが増えています。

また、白砂糖をたくさん摂ると血糖値が急速にはねあがり、膵臓がインシュリンを大量に出します。そうなると逆に、三時間後くらいに血糖値は下がりすぎ、低血糖を引き起こします。この低血糖を起こしたときにキレたり、暴力をふるったり、精神的混乱を引き起こしたりするようになります。

どうしても甘味が欲しいときは、昔ながらの熟成発酵したみりん、ビタミン、ミネラルのはいっている黒砂糖、はちみつ、メープルシロップ、羅漢果液をおすすめします。また、干しぶどう、干しいちじくなどの自然の甘味を少量使うと吸収もゆっくりなので、膵臓に負担をかけません。

玄米植物食がなお深く味わえるソフト断食
——日常生活のリフレッシュ

食べものがいつも目につくところにあり、それほどお腹がすかなくてもいつでも自由に食べることができる、それが現代人にはあたりまえの世の中になっています。その結果、食べすぎて生活習慣病に悩まされるようになりました。ところが、たった六〇年前までは人類は飢えとの闘いを繰り返していたのです。そのため、私たちの体は飢えることには強くなりましたが、

食べすぎには弱いものになりました。ですから、ときどき食べることを休む断食をして体をリセットし、本来の調子をとりもどしてあげる必要があります。

また、近ごろは添加物が体のなかにはいり込み蓄積しています。化学調味料や油、砂糖の大量摂取により味覚がかなり影響を受け、本来の味がわからなくなっています。断食を日々の生活に取り入れることにより五感がとぎすまされて、舌が敏感になり、においもはっきりとわかるように変化します。また、断食は解毒作用にすぐれていますから体がきれいに澄みわたり、五感がしっかり働き始めたとき、玄米植物食の生命力あふれたおいしさが舌だけでなく体全体で感じられ、食べることの本来の意味が理解できます。

断食といっても一〜三日くらいのソフト断食で十分に効果が得られますので、気軽に日常生活に取り入れ、体をリフレッシュさせることができます。ときどきソフト断食をしましょう。野菜スープや果汁、寒天、サプリメントを摂りながら体をきれいにととのえるソフト断食は、だれでも生活のなかで行なえます。くわしくは、藤城博・藤城寿美子著『ソフト断食と玄米植物食』（農文協）を参考にしてください。

人間は食べものの化身
——食養という考え方

玄米植物食の根底は石塚左玄の「食養」

主食の玄米と植物性食品の副食からなる玄米植物食ですが、その根底には「食養」という考え方があります。「食養」とは「食物修養」のことで、明治時代の医師であり、薬剤師であった石塚左玄が打ち立てた思想です。

日本の近代食養思想の先駆者である左玄は、『食物養生法』（明治三十一年）を書き残し、「食よく人を養い、食よく病を医《いや》す」といい、食事指導による多くの病気治療で効果をあげました。また、近ごろよく聞かれる「食育」ということばも、『化学的食養長寿論』（明治二十九年）で左玄が日本ではじめて使ったものなのです。

当時、ヨーロッパ文明がすぐれているという風潮から、日本人の暮らしは衣と食を中心に次々と西洋化が推し進められました。しかし、左玄は「民族の伝統的食習慣を軽々しく変えるべきではない」と主張し、白米を食べる習慣が全国に広がるなかで、玄米こそが理想的食物であると唱えました。その思想は哲学的であり、生命というものを全体的に深く見つめた識見で、明治天皇や政財官界の多くの人たちに支持されました。

現在、日本にあまたある自然食運動も、その考え方や主張をさかのぼると、ほとんどが左玄の思想にたどりつきます。食養を実践するうえで、左玄の思想や功績を学び、よく理解することが大事です。左玄の自然食、食養法は、「ねばならない」という一方的なものでは決してありません。真の食養を実践するということは、私たちの日常の暮らしにすっと寄り添い、自然に自在に使えるものであるはずです。

それは玄米植物食でも同じです。玄米植物食は石塚左玄の「食養」よりも少し厳しいですが、それはガンまで含めて現代人の肥満や生活習慣病を防ぎきるためです。自分の健康度や症状にあわせて上手に取り入れてください。

食が大事なわけ――食物至上論

人間は食べものの化身です。一個の卵子が細胞分裂してやがて三キロの赤ちゃんとなるのも、出生してから六〇キロの大人に成長するのも、すべて母親が口にしたものと本人が生後食べたものが材料なのです。私たちの体は約六〇兆個の細胞から成り立ち、そのうちの一兆個近い細胞（個人差、年齢差あり）が毎日生まれ変わっています。今、口にしているごはんが、すぐに体の細胞のどこかに合成されます。二～三か月もすると体のほとんどの細胞が入れかわることになります。今なにを食べるかは、とても大切なことです。

また、気が短いとか落ち着かないとか、その人の性格と決めつけていたことが、じつは微量栄養素の欠乏によるものだったという症例が報告されました。精神神経栄養医学という分野の研究が進み、栄養の過不足により精神が大きく影響を受けることがわかってきました。昔の日本人が忍耐強く、高い精神力を保っていたのも、食生活がおおいに関係していたように思えるのです。この点からも、私たち日本人にはなにがふさわしいのかを再確認したいものです。

穀物を見直そう――人類穀食動物論

人間と動物の歯を比較してみると、人間の歯は肉食動物のような鋭い牙はなく、臼歯が多く、それは草食動物ともちがっています。下あごの骨の動かし方もちがいます。肉食動物は上下だけ、草食動物は上下、左右だけですが、人間は上下、前後、左右と自由に動かすことができます。このことから、人間の歯は穀物をすりつぶすのに適していることがわかりました。また、人間はだ液の中にアミラーゼというでんぷん分解酵素をもっていますが、肉食動物と草食動物にはありません。そのほか、腸の長さの比較や胆汁酸の成分の比較などによって、人類はおもに穀物を食べる穀食動物であることが判明しました。

これまでの栄養学では、でんぷんはおもにエネルギーの供給源と考えられていましたが、細胞表面に糖鎖の存在が認められ、でんぷんの価値が見直されました。八種類の単糖が組み合わさってできた糖鎖は、ひとつの細胞に一二万本もの鎖状の突起をつくっていて、細胞間の情報交換、ウイルスや細菌の感染防止、ガン防止などの重要な働きをしていることがわかりました。しかし、現代のような欧米化した食生活をしている人には、この大事な糖鎖が四万本しかないということです。そのため、現代人は体が弱くなっているという説もあります。昔ながらの日本食は主食にごはんを食べてしっかりでんぷんを摂るもので、おかずはあくまでも副食でした。この食の形態こそが、栄養バランスのよい、理にかなった食べ方だったのです。縄文時代からずっと日本人とともにある米や雑穀に敬意を表し、もっともっと食べましょう。

季節のもの、その土地のものを食べよう――身土不二論

明治になって西洋文明が日本にどっとはいってきましたが、人々の生活スタイルはあまり変わりませんでした。それが第二次大戦後、アメリカから提供された牛乳とパンを給食に取り入れたころから、日本の食卓はみごとに変わってしまいました。その結果、それまでの日本人には少なかった肥満、糖尿病、ガンなどの

生活習慣病が増加し、子どもたちにもアトピー、喘息、うつ病、登校拒否などの先進国にのみみられる病が増えてきました。安土桃山時代に来日したイエズス会神父ヴァリアーノの『日本巡察記』には、「日本人は貧しいながらも清潔で気品ある国民である」とあります。また、江戸末期から明治時代に来日した医師、ボードウィンやビーアドは、「日本人は糖尿病や肝臓病、神経病にはかからない民族である」と記しています。

今、一般の家庭の食卓にも中国料理、イタリア料理、フランス料理と世界中の料理が並びます。それがあたりまえというところまで、日本の食卓は変わってしまいました。人間も生物の一種で、自然のなかで生かされています。「身土不二」ということばがあるように、その土地、その季節の自然の恵みを食べていれば、生活習慣病など心配せずに元気に生きられます。

食卓と同じように、スーパーの野菜売り場も変わりました。きゅうり、トマト、いちごなどが一年中同じ顔ぶれで並ぶようになりました。野菜を買っている家庭では、野菜の旬を知らない人が増えています。春、夏、秋、冬と季節がはっきりしている日本では、人々は自然とともに生き、その季節の恵みを食べることによって生命を育んできました。春は芽ぶきの生き生きとした香り高い食べもの、夏は体を冷やし暑さをのりきる食べもの、秋は待ちのぞんでいた熟しきった木の実や穀物、冬は体を温め寒さをのりきり次の季節の準備をする食べもの、というように。

本来の日本の食卓はスーパーの野菜売り場のように一年中画一的なものでなく、その季節ごとの行事食をふんだんに盛り込んだ豊かで味わいのある、季節の変化を楽しむ心のこもったものでした。ぜひ、日本のすぐれた食文化をわが家の食卓に取りもどしてほしいものです。

生命を丸ごといただく——一物全体食論

「玄米植物食料理四つの基本」でも述べていますが、あくも抜かず、皮もむかず、感謝して素材の生命を丸ごといただくことが、生きる力を最も発揮できる食べ方なのです。それが一物全体食という考え方です。

あくというのはミネラルです。水につけてあくを抜くとうま味も逃げてしまいます。皮というのも大事な役割をしています。人間の皮膚も野菜の皮も自分と外界を区別するバリアのようなものです。人間であれば、皮膚が傷ついてそこからばい菌がはいると病気になってしまいます。それは野菜でも同じです。皮は非常に重要で、エネルギーをもち、栄養も豊富にあります。また、植物の皮の部分には、免疫作用のあるインターフェロン・インデューサーというインターフェロンを誘起する物質が豊富に含まれています。だから、私たちは自分の生命を養うために素材の生命を丸ごといただきましょう。

陰陽のバランスを大切に――陰陽調和論

東洋的な思想のひとつに、自然界には太陽と月、男と女、夏と冬のように陽と陰があり、これが調和することによって体も宇宙もバランスが保たれており、これがくずれたときに病気になる、という「陰陽調和論」があります。

私たちは一人ひとり性格もちがい、食べものの好みもちがい、生活習慣もちがいます。それで、陽性タイプの人と陰性タイプの人ができあがるのです。

季節ごとの野菜にも陰陽があります。夏とれるきゅうり、なす、トマトなどは陰性度が強い野菜です。白砂糖や果物も体を冷やしてしまう極陰性の食物です。根菜類は体を温めてくれる陽性の野菜です。また、調理法でも陰陽は変化します。生のままで食べると陰ですが、熱を加えたり、油を使ったり、塩からくしたりすると陽性に変わっていきます。

暮らしのなかに電化製品がいき渡っている現代は、陽である夏をクーラーのきいた部屋で過ごします。また、冬は暖房のきいた部屋で極陰のアイスクリームをほおばります。大昔からバランスを保ってきた陰陽が、今、大きく乱されています。このため、冷え性の人がとても増えました。病気を増やし、治りにくくしている原因がここにあるようです。

夏はクーラーの温度を少し高めに設定し、生野菜や果物、酢の物、アイスクリームの量をほどほどにしましょう。冬は根菜類やしょうがを食べ、体を温めましょう。自然界の陰陽をきちんと受けとめ、食べものの力を借りながら自分の体のなかの陰陽のバランスを保っていくことが、元気に暮らす秘訣です。

玄米は中庸の食べものです。玄米を主食にして、体を温める力の強い常備菜と季節の野菜を盛り込んだ食卓が、この陰陽のバランスを保つうえでも理想的な食事となります。

食物繊維と発酵食品を摂ろう

以上、石塚左玄の食養の考え方を紹介してきましたが、そもそも人類は健康で長生きすることをずっと願い続けてきたものです。

近年、長寿を誇る地域や元気に暮らす老人を研究するうちに、いろいろなことがわかってきました。世界の長寿を誇る地域では、思い思いの発酵食品がたくさん食べられています。男女とも世界一の長寿国である日本では、食物繊維が多量に含まれるごぼう、こんにゃく、いも類、豆類と、漬けもの、味噌、醤油、納豆に代表される発酵食品が昔からしっかり食べられてきました。

これらは腸内細菌のうちの善玉菌を増やし、腸内環境をととのえる役目をしています。赤ちゃんの便は黄色くて甘酸っぱいにおいがして、ほとんどがビフィズス菌を中心とした善玉菌です。ところが、肉食過多の食生活やだれにでも起こる老化によって、腸内細菌のウェルシュ菌を中心とした悪玉菌の割合がどんどん高くなり、黒っぽくていやなにおいの便になっていきます。長寿の人の腸内細菌を調べてみると、赤ちゃんや若い人たちと同じ善玉菌の多い腸内細菌叢《そう》だということがわかっています。腸年齢の若さを保つことが、健康で長生きできる秘訣だったのです。

玄米を食べると、まず便の量と性状が大きく変化します。驚くほど量が増え、排便もスムーズになり、色も黄色っぽくきれいになり、いやなにおいが消えていきます。玄米を食べることは、腸内環境にやさしく働いて腸年齢を若返らせる効果があります。

また、近ごろアレルギー疾患が急増しています。これは免疫をつかさどる腸の粘膜バリアが弱まったり、破壊されたりするために起こることがわかりました。消化管は食べものといっしょにウイルスや細菌が侵入しやすいので、体のバリア機能がしっかり働いている場所です。そのなかでも腸は直接、栄養素を吸収するところなので、粘膜免疫やバリア機能が幾重にもそなわっています。大きな分子のものの侵入を防ぎ、異物や体が必要としないものをここでしっかり選別しているのです。腸内細菌叢もこの働きを助けています。

この大事な働きが弱まってしまった原因は、化学物質を多量に含んだ加工品の氾濫と急激な食生活の変化です。日本の食文化は数千年の歴史があって、その間に日本人にマッチした消化器官がととのえられてきました。そこへ戦後わずか六〇年の間に急激な食生活の変化が起こったため、粘膜バリアが対応できなくなってしまっているのです。

日本人にあった食生活をとりもどし、腸内環境をととのえることは、これから生まれてくる子どもたちにとってもたいへん重要なことです。そして、健康で長寿を楽しめるすばらしい国が実現します。

胃腸を鍛えよう

お腹がすいてものを食べると、だ液が分泌され、食べたものが食道から胃に運ばれ、消化管全体が連動して次々と消化の仕事がこなされていきます。ふだん私たちはなにげなく食べていますが、食べる材料を静脈注射で直接静脈に入れてしまうと私たちの生命は失われてしまう、といえばびっくりするでしょう。食べものは、じつはそのままでは体にとって異物や毒として作用します。そのままでは利用できないので、消化酵素を働かせて最小単位（利用できる大きさ）まで刻んで安全な形にしていくのです。この働きは私たちが生命を維持するのにとても重要で深遠なことです。

また、今夜が峠というぎりぎりのところで生きている人に食べものを食べさせると、あっという間に生命がなくなるそうです。それは食べたものを消化するという仕事のために血液が胃腸に集まってしまい、生命を維持する力がそがれるからです。それくらい消化という仕事はすごい体力を必要とします。食欲のままによくかまずに飲み込み、あとは体にまかせっきりにしていた消化は、じつはたいへんな働きだったのです。

人間だけが火を使って料理をします。火を使うことによって食物の細胞がやわらかくなり、吸収しやすくなるため、胃腸にかかる消化の負担が軽減されました。この余裕が工夫を生み、科学を生み、近代文明まで発展させたのです。しかし、私たちの体はますます楽をしたがります。消化にいちばん楽な白砂糖や、やわらかくて口あたりのよいものをおいしいと感じてしまうのです。しかし、消化に楽なものばかり求めて胃腸をなまけ続けさせると、胃腸は必ず弱くなっていきます。

です。

使えば鍛えられますが、使わなければ退化していくのです。

免疫を高める要素の六〇％以上が消化器官に存在しますので、胃腸の弱い人は免疫力も影響されます。戦前から戦後しばらくは、玄米は消化にわるいというだけで敬遠され、その価値が認められませんでした。玄米を食べると胃腸の調子がわるいという人も、麦ごはんや分づき米から少しずつ胃腸を鍛えていくと、玄米をとてもおいしいと感じる胃腸に変わっていくのです。

ただ消化がよいわるいという表面的なことで判断せず、見えにくいところに重要な真理があることを念頭において食に取り組んでほしいのです。

人間と食欲

食欲は、禅の高僧でも他の煩悩はコントロールできても、これを抑えるのはなかなかむずかしいといわれるほど、人間について回ります。しかし、食欲があるからこそ、生命をつないでいくことができるのです。おぎゃーと生まれた赤ちゃんが、すぐに母親のお乳を吸えるのは、天が私たちに与えてくれた最初の食欲による行為です。

野生の動物にとって生きるということは、いかに食べものを手に入れるかということです。昔は、人間も一日の大半を食物を得るために使っていました。しかし、文化が発達した今は、食べものを手に入れることは、生活のほんの一部にすぎなくなってしまいました。その結果、生きること＝食べることの根本を見失い、食欲のままに、ぜいたくなもの、おいしいものと、どこまでも欲望がつきなくなってきています。

食欲は、がまんすればよいものでもなく、むさぼるものでもありません。おいしいものを味わって豊かな心になる幸せを、天が私たちにプレゼントしてくれたものです。料理もこのプレゼントのひとつで、人間の知恵を働かせ、豊かな感性で日々の暮らしを楽しむものです。

日本では、春、夏、秋、冬の四季の美しさを料理で味わうことができます。そして、日常の食生活のなかで、生命の尊さを思い、まわりとの調和を学び、感性を高めていくことができます。食欲をじっくり楽しみ、毎日毎日を、自然とともに生きる生き方をしてみませんか。

あとがき

今、現代人の病気は、ガンをはじめとする生活習慣病が上位を占めています。そして、乳幼児のアトピーや喘息などから、子どものキレる行動、犯罪、ひきこもり、ニートなど、また中高年の生活習慣病、老人の痴呆や寝たきりなどまで、これらの病気のほとんどは、食生活と関係があることが指摘されています。

私たちの体は一日一兆個の細胞が入れ替わっています。そして、その細胞の材料は食べものであるという、厳然たる事実があります。私たちは食べものの化身なのです。そうした土台のうえに、世にあるさまざまな健康法があるわけで、まず正しい食事をすることこそが、あらゆる健康法の第一歩となるのです。

この「人間は食べものの化身である」ということは、一〇〇年前に世界ではじめて石塚左玄という碩学が提唱した「食養」の考え方につながります（八五ページ参照）。食養は病気の重症度に合わせて厳格に実行していくと、かなりの効果が期待できます。そして、予防医学として最も安く、最も効果のある方法と信じます。

「日本食養の会」で普及している「玄米植物食」は、この石塚左玄が提唱した食養の延長線上にあります。ヒトは五〇〇万年前に東アフリカで、チンパンジーから分かれて進化したとされています。彼らの食べものは、その九五％以上が植物性の食品で占められています。そうしたことからも、玄米植物食が人類に最も適した食事ということができます。

私たちの師であり、日本綜合医学界永世名誉会長で食養のオーソリティー、沼田勇博士も玄米植物食をたいへん評価してくださり、とくに「ソフト断食」との組み合わせは、現代人の肥満と生活習慣病には極めてよい方法だと奨励してくださっています。事実、その成果は、四年前に私たちが始めたソフト断食道場でも数々の成果としてあらわれています。

しかしながら、玄米植物食を普及していくなかで、「そのよさはわかるが、いざ実行するとなるとおかず（副食）をどうしたらよいのか」、そういう声をたびたび耳にしました。そこで、日本食養の会の料理教室から生まれたたくさんのレシピを、玄米植物食を長く楽しく続けてほしいという願いを込めて、このたび一冊の本にまとめることにしました。

ご紹介したレシピは、食養の精神にのっとって、食材の旬を大切にして加工しすぎず、栄養も損なわず、さらに伝統的な作法、食べ方、生活の知恵も取り入れるよう工夫しました。また、忙しい方でも簡単に実行できるように、常備菜を上手に使った食卓づくりのポイントなども示しています。この本を常に台所に置いて、玄米植物食をぜひ実践してみてください。そうすれば、自分も家族も見ちがえるように健康になり、未来に明るい希望と自信が見えてくることでしょう。

最後に、本書をまとめるにあたり、日本人の知恵を連綿と受け継いできてくださったご先祖、先輩、諸先生方、また日本食養の会の同志とその運動を支え、協力してくださっている多くの方々、さらに万難を排して出版にこぎつけてくださった農文協書籍編集部と河源社のみなさまに、心から感謝申し上げます。

合掌九拝

二〇〇五年一月

日本食養の会副会長　藤城　寿美子

［著 者 紹 介］

藤城　寿美子（ふじしろ　すみこ）

日本食養の会副会長

昭和28年，福島県会津坂下町に生まれる。福島県立会津女子高、星薬科大学卒業。薬剤師として病院に勤務後，沼田勇博士の教えを受け，食養，坐禅の道に進む。東洋医学，とりわけヨガ，気功，自律神経訓練法など精神世界を重視した治療法に深い関心を寄せ，夫の治療院と断食道場をサポート。また「食は生命であり，愛である」をモットーに玄米植物食の教室を主宰している。

著書に『ソフト断食と玄米植物食』（農文協，共著）がある。

※全国に「日本食養の会」の支部，会員を募集しています。
ご賛同の方は下記にお問い合わせください。
日本食養の会　本部
〒264-0026　千葉市若葉区西都賀3-8-9　都賀治療院内
電話：043-287-2361　　FAX：043-287-2871
URL　http://www.tsugachiryouin.com/shokuyo.html

※ソフト断食体験については下記でご案内しています。
藤城式ソフト断食道場
URL　http://www.softdanjiki.com

※いわし節の入手先
㈱エイシンフーズ
〒421-3212　静岡県庵原郡蒲原町小金107-2
電話：0543-85-2248　　FAX：0543-85-3446

おいしく続ける **玄米食養クッキング**
——ごはん＋常備菜＋旬のおかずで食卓づくり

2005年9月30日　第1刷発行
2006年2月25日　第3刷発行

著　者　　藤城　寿美子

発行所　　社団法人　**農山漁村文化協会**
郵便番号　107-8668　東京都港区赤坂7丁目6-1
電話 03(3585)1141(営業)　03(3585)1145(編集)
FAX 03(3589)1387　　振替 00120-3-144478
URL http://www.ruralnet.or.jp/

ISBN4-540-04257-2　　製作／㈱河 源 社
〈検印廃止〉　　印刷／㈱光陽メディア

製本／笠原製本㈱
Printed in Japan　　定価はカバーに表示
乱丁・落丁本はお取り替えいたします。